广东省中小学"百千万人才培养工程"
初中理科名教师培养项目丛书

丛书总主编：于 慧 李晓娟

初中人工智能课程设计与实践

陈卫军 著

暨南大学出版社
JINAN UNIVERSITY PRESS

中国·广州

图书在版编目（CIP）数据

初中人工智能课程设计与实践/陈卫军著 . —广州：暨南大学出版社，2024.8
（广东省中小学"百千万人才培养工程"初中理科名教师培养项目丛书/于慧，李晓娟总主编）
ISBN 978 - 7 - 5668 - 3873 - 5

Ⅰ.①初…　Ⅱ.①陈…　Ⅲ.①人工智能—课程设计—初中　Ⅳ.①G633.672

中国国家版本馆 CIP 数据核字（2024）第 011000 号

初中人工智能课程设计与实践

CHUZHONG RENGONG ZHINENG KECHENG SHEJI YU SHIJIAN

著　者：陈卫军

出　版　人：阳　翼
统　　　筹：黄　球　潘江曼
责任编辑：张　钊
责任校对：刘舜怡　梁安儿
责任印制：周一丹　郑玉婷

出版发行：暨南大学出版社（511434）
电　　话：总编室（8620）31105261
　　　　　营销部（8620）37331682　37331689
传　　真：（8620）31105289（办公室）　37331684（营销部）
网　　址：http：//www.jnupress.com
排　　版：广州良弓广告有限公司
印　　刷：广州市金骏彩色印务有限公司
开　　本：787mm×1092mm　1/16
印　　张：13.5
字　　数：253 千
版　　次：2024 年 8 月第 1 版
印　　次：2024 年 8 月第 1 次
定　　价：59.80 元

（暨大版图书如有印装质量问题，请与出版社总编室联系调换）

目　录
CONTENTS

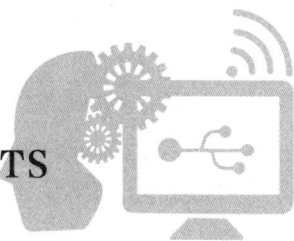

绪　言

一、研究背景

（一）全球的人工智能浪潮

人工智能的发展对人类影响十分广泛，在各行各业都能看到人工智能的身影。

1. 自动化取代人力

人工智能的发展会导致很多传统行业的自动化，例如工厂生产线的自动化、自动驾驶技术、机器人劳动力等。这些自动化技术的发展将取代很多靠人力劳动的工作，导致很多人失业，需要进行职业转型和教育培训。

2. 更高效的生产和服务

人工智能的发展可以提高生产和服务效率，例如智能供应链管理、客户服务机器人、自动化物流等。这将使得企业更加高效、更有竞争力。

3. 个人生活和社会生活更加便捷

人工智能的发展也可以带来很多方便和实用的产品和服务，例如智能家居、语音助手、智能医疗等。这些产品和服务将会提升人们的生活质量和便捷度。

4. 革命性的创新

人工智能的发展带来了很多革命性的创新，如人工智能辅助药物设计、自然语言生成、人脸识别技术等。这些革命性的创新将会推动许多行业的进步和变革。

5. 伦理和安全问题

人工智能的发展会带来许多伦理和安全问题，例如隐私保护、人工智能武器、人工智能造成的安全威胁等。我们需要在人工智能发展的过程中，加强对这些伦理和安全问题的管理。

人工智能的发展对人类影响十分广泛和深刻。我们需要在享受人工智能带来的便利的同时，认真对待人工智能可能带来的负面影响，积极探索如何在人工智能发展的过程中实现人类和社会的持续进步。

（二）ChatGPT 等大语言模型对教育的影响

1. 个性化教学

大语言模型能够通过分析学生的问题和需求来提供个性化的学习资料和指导。教师可以使用这些模型来补充他们的教学，确保每个学生的特定需求都得到满足。

2. 增强资源可访问性

不同的学校和地区可能在教育资源方面存在差异。通过使用像 ChatGPT 这样的大语言模型，无论身处何地，学生和教师都可以获得高质量的学习资源和支持。

3. 拓宽学科范围

大语言模型具备广泛的知识基础，能够涵盖各个学科领域。学生可以随时提问，获得及时的回答和解释。教师也可以利用这些模型来支持他们在非专业领域的教学。

4. 激发学生兴趣

通过与大语言模型的互动，学生可以在学习过程中更加投入和兴奋。这种交互式的学习方式有助于激发学生的兴趣和好奇心。

5. 促进全球协作

大语言模型可以作为教育者之间合作和交流的桥梁，使他们能够共享教学中的最佳实践经验和资源，从而促进全球教育的公平，提升全球教育质量。

6. 道德和隐私问题

然而，使用大语言模型也带来了一些潜在的道德和隐私问题。例如，对学生的个性化学习数据的搜集和使用需要严格的隐私保护措施。另外，有关模型的偏见和公平性的问题也有待解决。

7. 教师角色的转变

随着大语言模型在教育中的应用，教师的角色可能会发生变化。他们可能更多地转向促进学生批判性思维、问题解决能力和创造力的发展，而不仅仅是传输知识。

大语言模型如 ChatGPT 为教育带来了革命性的变革，有助于加强个性化教学、资源共享和提升学生参与度。同时，教师也需要关注相关的道德、隐私和教育公平性问题，并持续探讨如何将这些工具最有效地整合到教育体系中。

（三）　我国教育政策推动人工智能教育的发展

2017 年 7 月 8 日，国务院印发《新一代人工智能发展规划》，规划中提出要实施全民智能教育项目，在中小学阶段设置人工智能相关课程，逐步推广编程教育，鼓励社会力量参与寓教于乐的编程教学软件、游戏的开发和推广。

2017 年 12 月，中华人民共和国教育部印发《普通高中信息技术课程标准》，其中选择性必修课程中的模块 4 为"人工智能初步"。

我国基础教育阶段一直重视人工智能教育，两次颁布的《普通高中信息技术课程标准》和最新颁布的《义务教育信息科技课程标准（2022 年版)》均将人工智能纳入中小学信息科技教育的课程体系之中，对完善人工智能教育体系和提升全民人工智能素养起到了巨大的推动作用。然而，我国的人工智能发展相对较晚，基础教育阶段的人工智能教育也起步较迟，目前仍缺少一个相对完整的、小初高一体化的人工智能课程标准，导致在课程内容选择与衔接、教学设计与实施等方面缺少系统科学的理论依据。为贯彻落实《中国教育现代化 2035》、促进人工智能教育在中小学的高质量实施，华东师范大学联合上海人工智能实验室编写《中小学人工智能课程指南》，旨在为我国中小学人工智能课程体系建设提供参考。①

二、概念界定

（一）　人工智能

人工智能（Artificial Intelligence），英文缩写为 AI。它是研究、开发用于模拟、延伸和扩展人的智能的理论、方法、技术及应用系统的一门新的技术科学。人工智能是计算机科学的一个分支。它试图了解智能的实质，并生产出一种新的能以与人类智能相似的方式做出反应的智能机器。该领域的研究包括机器人、语言识别、图像识别、自然语言处理、专家系统等。

（二）　人工智能课程

目前许多学者就人工智能课程的目标与内容设置、实施策略与路径展开了诸多探索，但由于顶层设计的缺乏，目前关于人工智能课程还未有一个统一明

---

① 中小学人工智能课程指南课题组. 中小学人工智能课程指南 ［J］. 华东师范大学学报（教育科学版），2023，41（3）：121－134.

确的界定。目前关于人工智能课程的定义有双重含义，分别为人工智能技术赋能教育的课程和培养人工智能人才的课程：前者将人工智能作为教学辅助手段；后者将人工智能作为教学内容。本研究取后者定义，认为人工智能课程是将人工智能作为内容并指向培养人工智能人才这一目标展开的课程。

贾尔斯（Harry Giles）在《八年研究》（*Eight-Year Study*）中提出了课程的四个要素，国内学者将其归纳为学习目标、学习内容、学习方式和学习评价。[①] 借鉴以上四个课程要素，本研究将人工智能课程界定为以培养初中生人工智能思维，以与人工智能相关的理论和实践知识为内容，以探究式的形式开展，并能基于初中生反馈的质性和量化数据进行评价的课程。[②]

（三）课程设计

课程设计是课程论应用层面上的重要范畴之一。课程设计有宏观和微观两个层面的讨论：宏观层面的课程设计包含课程目标的制定、课程大纲的准备与教材的设计；微观层面的课程设计则包括技术上的安排和具体的课程内容、资源、活动和评价的设计。根据课程设计层次的阐述，结合菲利克斯·克莱因（Felix Christian Klein）的课程设计六要素及人工智能课程设计需要，笔者将本研究的课程设计界定为：在《义务教育信息科技课程标准（2022 年版）》的指导下，对初中人工智能课程的课程目标、课程内容、课程资源、教学活动及课程评价等要素进行设计与实施，并在此过程中形成具体的课程方案和主要课程资源。[③]

三、研究目标

（一）建构新的人工智能教学范式

通过对初中生学习需求的分析和现有人工智能教育的探究，针对该年龄段的学习特点，设计并实现一套创新的人工智能教学模式。

（二）发展有效的教学策略

基于教学范式，研发一系列具体的教学策略和活动，旨在提高初中生的信

---

① 丁念金. 课程规划的素质文化视野 [J]. 河北师范大学学报（教育科学版），2012，14（4）：19－20.

② 潘金晶. 基于设计思维的小学生人工智能课程设计与实施研究 [D]. 杭州：浙江大学，2020.

③ 张闻闻. 面向中职学生的人工智能课程设计与实践研究 [D]. 宁波：宁波大学，2021.

息素养和智能素养,并确保课程的趣味性和可接受性。

(三)评估教学效果

通过实际教学实践和多元化评估方法,系统检测新教学模式和策略对初中生信息素养和智能素养的提升效果。

四、研究内容

(一)理论分析

第一,分析当前初中生的学习能力、兴趣和需求。

第二,探究现有人工智能教育的发展状况,特别是针对初中生年龄段的教学方法和材料。

第三,建立合适的教育理论框架作为初中人工智能课程设计的指导。

(二)课程设计与开发

第一,确定人工智能课程的主要目标和具体内容。

第二,设计适合初中生的教学活动和教材。

第三,开发课程的评估标准和工具,以检测学生的进步。

(三)教学实践与观察

第一,选择合适的教学环境和样本群体实施课程。

第二,记录学生的学习过程、教师的教学方法及互动情况。

第三,通过访谈、问卷等方式了解学生、教师和家长的反馈。

(四)效果评估与分析

第一,采用混合方法,结合定性和定量数据,评估课程对学生信息素养和数字素养的影响。

第二,分析课程的长、短期效果,包括学生的学习成绩、参与度、学习兴趣等方面的变化。

第三,识别影响课程效果的关键因素。

(五)改进与优化建议

第一,根据评估结果,提出课程改进和优化的具体建议。

第二，探讨将课程扩展到不同文化、地区或年龄段的可能性。

（六）社会影响与未来方向分析

第一，分析课程对学生未来职业、社交能力的潜在长期影响。

第二，探讨该课程在更广泛社会背景下的作用和意义，包括对未来教育政策和实践的影响。

五、研究方法

（一）观察法

通过观察初中生的学习行为和互动，了解他们在人工智能课程中的表现和反应。教师可以进行课堂或实地观察，并记录学生的行为、表现和交流情况。观察结果可以帮助教师理解学生的学习需求和困难，从而优化课程设计和教学策略。

（二）调查法

设计并实施调查问卷，收集初中生的意见、观点和需求，通过调查了解他们对人工智能的认知水平、兴趣爱好和学习需求。问卷调查可以帮助教师获取大量的数据，并进行统计和分析，从而得出对人工智能课程设计有意义的结论。

设计并发放问卷，收集学生对人工智能课程的反馈和评价。问卷可以包括学生对课程内容、教学方法、学习效果等方面的意见和建议。通过分析问卷结果，了解学生对课程的满意度和改进建议，为课程的改进提供依据。

（三）访谈法

通过面对面的访谈，与初中生进行深入的交流和探讨。设计一系列开放性问题，对学生进行访谈，了解他们对人工智能的看法、学习需求和兴趣方向。访谈可以提供更详细和丰富的信息，进而帮助教师深入了解学生的想法和期望。

（四）文献分析法

对相关领域的文献进行综合分析和评述。通过阅读已有的研究文献、教材和学术论文，教师可以了解人工智能教育的前沿知识、教学方法和最佳实践。文献分析可以帮助教师了解人工智能教育领域的现状和发展趋势，为课程设计和教学策略提供理论支持。

（五）行动研究法

以实践为基础，循环进行教学设计、实施和反思。教师可以设计一系列的教学活动和项目，观察学生的学习情况，收集数据，并根据反馈结果进行课程调整和改进。行动研究法注重实际的教育实践和反思，能够帮助教师不断优化人工智能课程的设计和教学效果。

第一章　初中人工智能课程实施的现状与分析

一、人工智能学科简介

（一）人工智能学科的核心思想

万物皆可计算，这是图灵提出的理念。他认为人工智能的目标是设计一台能够像人类一样思考和行动的机器。在这种观点下，计算机可以模拟人类的智能，从而解决人类无法解决的问题。人工智能学科的一些核心思想具体如下：

1. 智能模拟

人工智能旨在模拟和复制人类或其他生物的智能，包括学习、推理、解决问题、感知、语言理解等能力。

2. 算法和计算模型

人工智能强调通过算法和计算模型来实现智能。这包括使用搜索、优化、统计分析、概率推理和其他数学工具来模拟智能行为。

3. 机器学习和自适应性

机器学习是人工智能的重要分支，强调通过数据学习和不断适应来改进系统性能。自适应性使得 AI 系统能够根据环境和任务的变化进行自我优化。

4. 知识表示和推理

知识表示和推理关注如何在计算机中表示复杂的知识和信息，以及如何利用这些知识进行逻辑推理和解决问题。

5. 人机交互

人工智能也强调人与机器之间的有效交互，致力于使机器能够理解、响应和适应人类的需求和行为。

6. 伦理和社会责任

随着人工智能的快速发展，伦理和社会责任已成为核心议题。如何确保 AI 的公平性、透明性、可解释性和责任性是当前的关键挑战。

7. 跨学科融合

人工智能并不是一个孤立的学科，而是与许多其他领域如神经科学、哲学、工程学、经济学等密切相关。这种跨学科的融合有助于人们更全面地理解和实现智能。

人工智能学科的核心思想涉及了智能模拟、算法和计算模型、机器学习和自适应性、知识表示和推理、人机交互等多个方面。它是一门不断发展和变化的学科，既关注技术和数学问题，还涉及伦理、社会和人文问题。人工智能的目标是开发能够执行传统上需要人类智能才能完成的复杂任务的系统。这一目标推动着该领域的不断创新和发展。

（二）人工智能的特征

人工智能的特征可以大致分为以下 6 个方面：

1. 学习能力

人工智能系统能够从数据中自动学习，并提高自己的性能，而无需显式编程。这种学习能力可以是有监督的、无监督的、强化学习的等多种方式。

2. 推理能力

人工智能系统能够推理出新的知识，通过抽象、归纳、演绎等方法来发现隐藏的规律和模式。

3. 自适应能力

人工智能系统能够适应新的环境和任务，自动调整自己的策略和行为，以适应不同的情况。

4. 交互能力

人工智能系统能够通过语音、图像、自然语言等多种方式与人类或其他智能体进行交互。

5. 知识表示能力

人工智能系统能够将知识表示成计算机可处理的形式，并在这些知识的基础上进行推理和学习。

6. 自主能力

人工智能系统能够自主决策、自主行动，而不需要人类干预。

综上所述，人工智能的特征涵盖了学习、推理、自适应、交互、知识表示和自主等多个方面。这些特征是人工智能系统具有智能和自主性的基础。

（三）人工智能解决问题的思想

人工智能解决问题的思想是通过模拟人类的思维和行为，利用计算机算法和技术实现计算机对问题的理解、推理、决策和执行等过程，从而达到自动化解决问题的目的。

具体来说，人工智能解决问题的思想可以概括为以下 4 个方面：

1. 数据驱动

人工智能解决问题的第一步是收集和处理数据，通过对数据的分析和挖掘，提取有用的特征和模式，并利用这些特征和模式训练机器学习模型，以完成对未知数据的自动分类、识别等任务。

2. 知识表示和推理

人工智能还可以将人类的知识和经验转化为计算机能够理解和使用的形式，并利用这些知识进行推理和决策。例如，在医疗领域，人工智能可以利用专家系统来完成对疾病的诊断和治疗建议等任务。

3. 自主决策

人工智能还可以通过强化学习等方法，实现对环境的自主探索和学习，并根据所学习到的知识和经验，作出相应的决策和行动。例如，在机器人领域，人工智能可以通过强化学习来实现对环境的自主导航和操作。

4. 自然语言处理

人工智能还可以利用自然语言处理技术，实现对人类语言的理解和处理，包括语音识别、文本理解、机器翻译等领域。通过自然语言处理，人工智能可以与人类进行自然交互，并实现自然语言的问题求解和推理。

总之，人工智能通过模拟人类的思维和行为，利用计算机算法和技术实现计算机对问题的理解、推理、决策和执行等过程，从而达到自动化解决问题的目的。

（四）人工智能解决问题不同于计算机解决问题

人工智能解决问题与传统的计算机解决问题的不同在于：前者更加注重计算机对问题的理解和推理能力，能够实现更加复杂和智能的决策和行动；而后者更多地侧重于程序设计和算法优化，能够实现更加精确和高效的计算和处理。

举一个浅显的例子来说明：假设我们要编写一个程序来判断一张图片中是否包含猫，传统的计算机解决问题的方法可能是利用图像处理算法来提取图片中的特征，并使用分类器来识别这些特征是否与猫的特征相似。而人工智能解决问题的方法则可能是利用深度学习算法，将大量的猫和非猫的图片输入神经网络中进行训练，并利用训练得到的模型来对新的图片进行分类。与传统的计算机解决问题的方法相比，人工智能解决问题的方法更加注重对图片的理解和推理能力，可以得到更加准确和智能的识别结果。

二、课程的理念与性质

(一) 课程的理念

让学生了解人工智能的基本概念和应用，培养学生的创新思维和实践能力，以及提高他们的数字素养和信息素养。具体来说，这个课程的目标如下：

第一，帮助学生了解人工智能的基本概念和原理，包括机器学习、深度学习、自然语言处理等方面的知识。

第二，培养学生的创新思维和实践能力，让他们通过学习人工智能的相关技术和方法，能够独立思考和解决实际问题。

第三，提高学生的数字素养和信息素养，让他们能够正确使用人工智能技术，同时能够理解并应对人工智能对社会、经济和个人生活等方面产生的影响。

第四，引导学生发掘人工智能技术在不同领域的应用，包括教育、医疗、金融等，从而增强他们对人工智能技术的兴趣和热情。

第五，培养学生团队合作和共享知识的精神，通过实践项目、交流分享等方式，让学生能够积极参与人工智能领域的学习和实践。

总之，初中人工智能课程的理念是以学生为主体，注重实践和创新，促进学生全面发展。

(二) 课程的性质

知识性质：初中人工智能课程主要是一门理论课程，旨在介绍人工智能的基本概念、原理、方法和应用等方面的知识。

实践性质：初中人工智能课程也应该具备一定的实践性质，通过编写简单的人工智能程序，让学生亲身体验人工智能的魅力和应用场景，从而更好地理解人工智能的原理和方法。

交叉性质：人工智能作为一个跨学科的领域，其课程也具有交叉性质，既包含计算机科学的相关知识，也涉及数学、物理、生物等多个学科领域的知识。

基础性质：初中人工智能课程作为一门基础课程，旨在为学生打下人工智能领域的基础，为其未来学习和应用人工智能提供必要的支持和保障。

三、课程的内涵解析

（一）初中人工智能课程的发展性

初中人工智能课程的发展性主要体现在以下 4 个方面：

1. 知识体系的完善

随着人工智能领域的不断发展，初中人工智能课程的知识体系会不断完善和扩充，涵盖更广泛的内容和更深入的理论。

2. 方法的不断更新

随着人工智能技术的发展和应用，初中人工智能课程的实践方法也需要不断更新和完善，以适应不同层次和需求的学生。

3. 应用场景的拓展

初中人工智能课程的应用场景也会不断拓展和扩大，涵盖更多领域和更多方面的应用，如机器人、自动驾驶、智能家居等。

4. 教育模式的创新

初中人工智能课程的教育模式也需要不断创新和改进，尝试采用更加灵活多样的教学方式，如案例教学、项目驱动等，以提高学生的学习兴趣和主动性。

初中人工智能课程的发展性需要不断适应人工智能领域的发展趋势和未来需求，以提高学生的综合素质和适应能力。

（二）人工智能课程在培养适应智能社会发展的未来公民方面的作用

人工智能课程在培养适应智能社会发展的未来公民方面具有重要的作用。随着人工智能技术的不断发展和应用，智能化已经成为当今社会的趋势和主流。因此，对于未来公民而言，了解人工智能的基本概念和应用，掌握相关技术和方法，具备数字素养和信息素养，已经成为必不可少的能力。

首先，人工智能课程能够提高学生的创新思维和实践能力，让他们能够独立思考和解决实际问题。这样的能力在智能社会中是至关重要的，因为在这个社会中，人们需要面对各种新的挑战和问题，而这些问题需要通过创新和实践来解决。

其次，人工智能课程能够帮助学生正确使用人工智能技术，使他们理解并学会应对人工智能对社会、经济和个人生活等方面的影响。这对于未来公民而言也是非常重要的，因为他们需要了解人工智能的发展趋势和应用场景，才能作出正确的决策和行动。

最后，人工智能课程能够引导学生关注人工智能技术在不同领域的应用，包括教育、医疗、金融等，从而增强他们对人工智能技术的兴趣和热情。这将有助于培养更多的未来公民投身到人工智能领域中，促进人工智能技术的发展和应用。

综上所述，人工智能课程在培养适应智能社会发展的未来公民方面具有重要的作用，能够帮助学生掌握必要的能力和知识，为未来的社会发展作出贡献。

（三）《义务教育信息科技课程标准（2022年版）》与人工智能

《义务教育信息科技课程标准（2022年版）》将义务教育阶段的信息科技课程分为9个模块，其中"人工智能与智慧社会"模块被安排在九年级，而在很多地方九年级是不开设信息科技课的。这就造成在整个义务教育阶段，学生有可能接触不到人工智能模块内容，如图1-1所示。

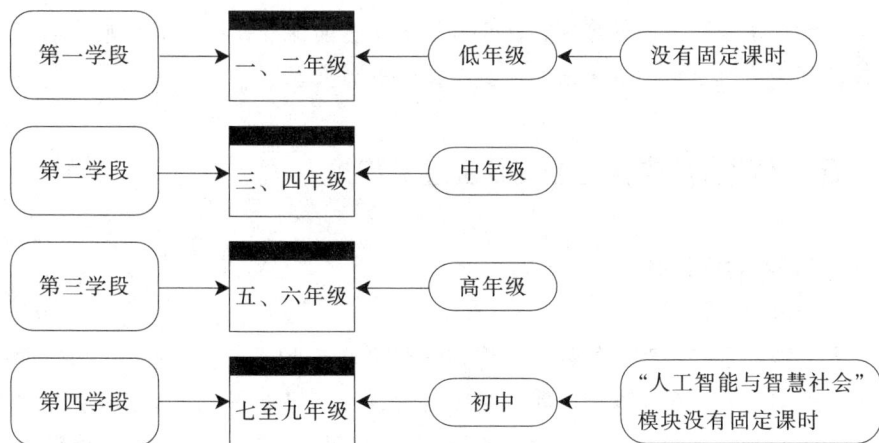

图1-1 "人工智能与智慧社会"模块的位置

国家将"人工智能与智慧社会"模块放在九年级也是有原因的。一方面，考虑到各个地方的发展水平不同、人工智能的起点不同、经费支持力度不同、师资力量配比不同等因素，目前比较合理的方案也只能是把"人工智能与智慧社会"模块放在九年级。另一方面，考虑到人工智能是一个跨学科的交叉模块，需要许多的准备知识，如果课程开设得太早，很多知识学生没有学到，人工智能课程的开展就存在各种各样的问题。

四、课程实施现状

目前，初中人工智能课程实施的现状因地区和学校的不同而有所差异。以下是一些可能的情况：

随着人工智能技术的发展，一些学校已经开始将人工智能课程纳入课程体系中，并且开设了相关的人工智能课程。这些学校通常具有较为先进的教育理念和教育资源，并注重培养学生的创新能力和实践能力。

除了单独的人工智能课程外，一些学校也将人工智能技术融入其他课程中，如数学、信息技术、英语等。通过这种方式，学生能够在学习其他课程的同时了解人工智能技术，并掌握相关技能。

由于人工智能课程需要相应的师资和教育资源，一些地区的初中学校还没有开设人工智能课程。这些学校通常需要等待政策和教育资源的支持，以便在未来开设人工智能课程。

总之，初中人工智能课程的实施现状因地区和学校的不同而有所差异。在人工智能技术快速发展的今天，注重开设人工智能课程并将人工智能技术融入其他课程中，对于学生的未来发展具有重要的意义。

五、课程实施中存在的问题及应对方式

（一）存在的问题

1. 师资力量不足

人工智能是一个新兴的领域，许多学校缺乏专业的人工智能教师和教学资源，导致初中人工智能课程的实施难度较大。人工智能是一门具有前沿性的学科，需要专业的教师和领域专家进行教学。然而，目前人工智能普及程度不高，初中阶段的人工智能课程教师数量相对较少，可能导致教学质量和效果的不稳定。

2. 缺乏教材和教学资源

初中人工智能课程的教材和教学资源比较缺乏，很多学校需要自主设计教学内容、自主搜集教学资源，增加了教师的教学负担。目前市场上缺乏完整的

初中人工智能教材和相关资源，教师需要花费大量时间和精力进行教学设计和资源搜集。这对于初中教师而言可能是一项挑战。

3. 实验设备和技术条件不足

初中人工智能课程需要一定的实验设备和技术条件支持，如计算机、传感器、机器人等。但许多学校条件有限，难以提供必要的实验设备和技术支持。

人工智能的教学需要有足够的实践环节，但由于实验条件、设备和技术限制，学生们可能无法进行足够的实践操作。这会影响他们的学习体验和成果。

4. 学生兴趣和参与度不足

由于人工智能的概念和应用对于初中生而言可能较为抽象，学生们的兴趣和参与度可能会受到影响。因此，在教学过程中教师需要采用趣味性强、生动形象的教学方式，以激发学生的兴趣和积极性。

5. 教学目标和评价体系不够清晰

人工智能是一门涉及多学科知识的复合型学科，目前还缺乏统一的教学目标和评价体系。在开展初中人工智能课程时，教师需要明确课程目标和评价体系，确保教学质量和效果。

6. 教学方法单一

初中人工智能课程教学方法单一，大多数教学都是以传统的授课方式为主，缺乏与学生实际情况相结合的教学方法。

7. 学科整合不够

人工智能是跨学科领域，需要涉及计算机科学、数学、物理、生物等多个学科的知识，但许多学校的人工智能课程仅以计算机科学为主，缺乏与其他学科的整合与交融。

（二）应对方式

针对以上问题，学校应该积极采取有效措施，例如：

第一，加强师资队伍建设，提高教师的专业知识和能力，鼓励教师参加培训和研修。推广优质教材和教学资源，开发适合初中人工智能课程的教材和教学资源，促进资源共享和交流。

第二，提供必要的实验设备和技术支持，加强学校设施建设和技术更新，建立实验室和科研平台，为学生提供更好的实践机会。

第三，创新教学方法，采用多样化的教学方法，如项目式学习、合作学习、游戏化学习等，注重启发性和趣味性，让学生更好地参与其中。

第四，加强跨学科整合，促进各学科之间的交流与合作，建立多学科协同教学体系，提高学生的综合素质和创新能力。

第二章　初中人工智能课程设计的思路与原则

一、理论基础

（一）建构主义学习理论

建构主义学习理论强调学习者通过积极参与来建构自己的知识。在人工智能课程中，我们可以采用项目驱动的学习方法，让学习者参与实际的项目和问题解决过程，通过实践探索、发现来共同构建知识。以下是如何应用建构主义学习理论设计人工智能课程的指引。

1. 设计具体的项目

为了激发学习者的兴趣和动机，我们可以选择与他们现实生活相关的具体项目。例如，设计一个智能家居系统、创建一个简单的聊天机器人、开发一个小型游戏等。这些项目可以使学习者能够直接参与到实际的人工智能应用中，并在实践中探索和学习。

2. 引导学习者进行自主探索

在项目开始之前，我们可以引导学习者提出问题、研究相关的背景知识，并鼓励他们进行自主探索。通过互动讨论、提供参考资料和指导，帮助学习者逐渐形成对人工智能的初步认识和理解，并提出自己的猜想和假设。

3. 提供支持和资源

在项目进行过程中，我们可以为学习者提供必要的支持和资源，如学习材料、工具和技术指导。同时，鼓励学习者积极交流和合作，共同解决遇到的问题和困难。这种合作可以通过小组讨论、合作编程和反馈机制来实现，促进学习者之间的互动和知识分享。

4. 实践和反思

学习者将通过实践来应用所学的知识和技能。他们可以设计和实现人工智能模型，收集和分析数据，进行实验和测试，不断调整和改进他们的项目。同时，鼓励学习者对自己的实践进行反思，思考他们的决策、成果和经验，以及可能的改进方向。

5. 共同建构知识

在项目开展过程中，学习者将共同参与知识的建构过程。他们可以通过小组讨论、展示和评估来分享彼此的经验和成果。这种合作和分享可以促进学习者之间的互动和交流，拓宽他们的视野，使他们通过他人的观点和反馈来丰富和修正自己的理解。

6. 建立联系和应用

在项目结束后，学习者将对他们所学的人工智能知识和技能有更深入的理解。我们可以引导他们将所学应用到其他领域，如科学、艺术、环境保护等，以探索更多的应用可能性，并将人工智能与现实世界问题相连接。

通过应用建构主义学习理论设计人工智能课程，我们可以让学习者成为主动的知识建构者和问题解决者。他们将通过实践和合作的方式，深入理解人工智能的原理和应用，并培养创新思维、团队合作和解决问题的能力。这样的课程设计将更好地适应初中生的认知发展特点，激发他们的学习兴趣和动机，并为他们未来的学习和发展奠定坚实的基础。

（二）皮亚杰的认知发展理论

皮亚杰的认知发展理论对于设计适合初中生的人工智能课程提供了重要的指导。这一理论帮助我们了解儿童在认知能力上的发展阶段，以便根据他们的年龄和认知水平设计相应的活动和任务，以促进他们的思维发展。以下是对于如何应用皮亚杰的认知发展理论设计人工智能课程的指引。

1. 考虑未成年人认知发展阶段

根据皮亚杰的认知发展理论，儿童的认知能力在不同的发展阶段呈现出独有的特征。在设计人工智能课程时，需要考虑初中生的认知水平，并结合他们的兴趣和需求来设计相应的学习活动。这样的设计有助于保证课程内容的适当性和有效性。

2. 提供观察和探索的机会

初中生正处于皮亚杰所称的"具体操作阶段"。在这个阶段，他们开始具备逻辑思维和具体操作的能力。为了促进他们的思维发展，人工智能课程可以提供丰富的观察和探索的机会。例如，引导学习者观察和分析人工智能在日常生活中的应用，激发他们的好奇心，培养他们的观察力和提出问题的能力。

3. 实验和探索

在人工智能课程中，设计一些实验和探索的活动，让学习者亲自动手进行实践。例如，让他们通过图形化编程工具设计简单的人工智能模型，进行实验和观察结果。这样的实践活动有助于学习者通过亲身体验探索人工智能的工作原理，培养他们推理和解决问题的能力。

4. 引导提问和思考

在人工智能课程中，鼓励学习者提出问题、进行思考和讨论。通过提问，他们可以拓展思维，并深入探究人工智能的概念和应用。同时，教师可以起到指导和引导的作用，帮助他们建立正确的问题意识和思维方式。

5. 创设具体情境

为了帮助学习者更好地理解人工智能的概念，可以创设具体的情境和场景。例如，设计一个有趣的故事情节，让学习者在故事中扮演角色，通过与虚拟智能助手互动，体验人工智能的应用。这样的情境创设有助于学习者将抽象的概念与实际应用相联系，促进他们的思维发展。

6. 强调解决问题和合作

在人工智能课程中，要注重培养学习者解决问题和合作的能力。设计一些团队项目，要求学习者协作解决复杂的问题。通过合作学习，他们可以分享思维和经验，共同解决难题，培养团队合作和沟通能力。

7. 反思和评估

在人工智能课程中，鼓励学习者对自己的学习进行反思和评估。提供适当的评估工具，让学习者能够评估自己的学习成果，并从中获取反馈和改进的机会。这样的反思和评估过程有助于学习者加深对人工智能的理解，并发展他们的元认知能力。

通过应用皮亚杰的认知发展理论设计人工智能课程，我们可以更好地了解初中生的认知特点和需求，从而提供适合他们的学习体验和机会。这样的课程设计将促进他们的思维发展，培养他们的逻辑思维、问题解决和推理能力，并为他们未来的学习和发展奠定坚实的基础。

（三）杜威的"做中学"理论

杜威的"做中学"理论对于设计适合初中生的人工智能课程提供了有益的指导。该理论强调学习应该与实际生活和经验相结合，学习者通过实践和实际体验来获得深入的理解。人工智能课程应为学习者提供丰富的实践机会，让他们亲自动手构建和试验 AI 模型，并从中获得直接的学习体验。以下是对于如何应用杜威的"做中学"理论设计人工智能课程的指引。

1. 实践导向的学习环境

杜威的"做中学"理论认为，学习应该发生在与实际生活相关的环境中。在设计人工智能课程时，我们可以创造一个实践导向的学习环境，让学习者能够亲身参与人工智能的构建和应用。例如，通过提供图形化编程工具或基于块的编程语言，让学习者能够直观地构建 AI 模型，并进行实验和观察。

2. 项目驱动的学习

在人工智能课程中，采用项目驱动的教学方法能够有效地实现杜威的"做中学"理论。设计一系列的项目任务，要求学生通过实际操作和实践探索来解决问题。例如，让学习者设计一个简单的智能聊天机器人，让其具备基本的自然语言处理能力。这样的项目任务将使学生直接参与人工智能的实际应用，通过实践中的挑战和解决方案来获得深入的理解。

3. 反思和讨论

杜威的"做中学"理论强调学习者对实践经验的反思和讨论。在人工智能课程中，鼓励学生在完成实践任务后进行反思，思考他们的决策、问题和结果。通过小组讨论或全班分享，学生可以分享他们的实践经验，交流彼此的观点和思考。这样的反思和讨论活动有助于加深学生对人工智能原理和应用的理解，并提升学生的批判性思维和问题解决能力。

4. 跨学科的实践应用

人工智能是一个跨学科领域，涉及数学、计算机科学、数据分析等多个学科。在课程设计中，可以结合不同学科的知识和技能，让学生在实践中进行跨学科的应用。例如，在设计智能机器人项目时，学生既需要了解机器学习和算法，还需要考虑机器人的设计和工程方面的问题。这样的跨学科实践应用能够使学生在实际操作中综合运用多个学科的知识和技能，提升他们的综合能力和创新思维。

5. 现实世界的情境模拟

杜威的"做中学"理论主张将学习与实际生活情境相连接。在人工智能课程中模拟现实世界的情境，让学生能够将所学的知识和技能应用到实际问题的解决中。例如，通过模拟一个虚拟的智能城市，让学生设计和优化交通管理系统，以提高交通效率和减少交通拥堵。这样的情境模拟能够使学生在实践中面对真实的挑战和决策，加深他们对人工智能技术的理解。

6. 激发创造力和创新思维

杜威的"做中学"理论强调学习者的主动参与和创造。在人工智能课程中，我们应该鼓励学生发挥创造力，探索新的想法和解决方案。提供一些开放性的实践任务，让学生有机会提出自己的想法，并尝试创造性地解决问题。这样的实践环境能够激发学生的创新思维和创造力，培养他们独立思考和解决复杂问题的能力。

通过应用杜威的"做中学"理论设计人工智能课程，我们可以使学生在实践中获得直接的学习体验，深入理解人工智能的原理和应用。这样的课程设计将使学生成为主动的学习者和创造者，培养他们的实践能力、创新思维和问题解决能力。同时，通过结合实际生活和经验，他们能够更好地理解人工智能在现实世界中的应用和影响。

（四）多元智能理论

1. 了解目标群体

首先了解初中生的心理和生理特点，以及他们在各种智能类型上的潜在优势和兴趣。

2. 分析多元智能类型

多元智能理论提出了至少 8 种不同的智能类型，包括语言智能、逻辑数学智能、空间智能、肢体动觉智能、音乐智能、人际智能、自知智能和自然观察者智能。分析这些智能类型如何与人工智能课程的内容和目标相结合。

3. 设计多样化的教学活动

语言智能：通过讲故事、讨论等方式让学生理解人工智能的基本概念。

逻辑数学智能：通过解决问题和编程练习，培养学生的逻辑思维和分析能力。

空间智能：利用图表、可视化工具来解释复杂的算法或概念。

肢体动觉智能：设计与机器人的互动或虚拟现实体验，使学习变得直观和有趣。

音乐智能：可以通过与音乐、声音相关的算法项目来吸引对音乐感兴趣的学生。

人际智能与自知智能：通过小组合作、反思日志等，培养学生的合作和自我认识能力。

4. 个性化评估和支持

依据每个学生的不同智能优势和兴趣，提供个性化的支持和挑战与多样化的评估方法。

5. 融入伦理和人文关怀

讨论人工智能的社会影响和伦理问题，培养学生的道德责任感和全球意识。

通过这种多元和综合的方法，人工智能课程不仅能够激发初中生的兴趣和潜能，而且能促进他们在多个维度上的全面发展。这有助于让人工智能教育更加包容和富有人文关怀，而使其不仅仅局限于技术和算法的层面。

二、课程设计的思路

设计一个人工智能课程需要遵循以下思路：

（一）明确目标

首先需要明确课程的目标，比如培养学生的人工智能应用能力、提高学生的编程能力等。根据不同的目标，设计不同的课程内容和教学方法。

（二）定义课程内容

根据课程目标，确定人工智能课程的内容。课程内容可以包括人工智能概念、算法、编程语言、数据结构、深度学习等方面的知识。此外，也可以包括一些实际案例，以便学生了解人工智能技术的实际应用。

（三）设计教学方法

根据课程内容和目标，设计相应的教学方法。人工智能课程可以采用传统的课堂讲解、小组讨论、实验探究、项目式学习等教学方法。这些教学方法可以相互结合，以满足不同学生的需求。

（四）准备教学资源

根据课程内容和教学方法，准备相应的教学资源。教学资源可以包括教材、教学 PPT、代码示例、实验设备、数据集等。这些教学资源应该是针对性强、简洁明了、易于理解和实践的。

（五）制定考核方式

考核是评价学生学习成果的重要途径，因此，需要制定相应的考核方式。选择考核方式时可以包括测试、作业、实验报告、项目作品等。选择考核方式时应该充分考虑学生的实际情况，以便能够客观地评价学生的学习成果。

（六）不断改进课程

设计一个好的人工智能课程是一个不断改进的过程。教师需要在教学过程中不断总结经验，改进教学方法和课程内容，以更好地满足学生的需求。

综上所述，设计一个人工智能的课程需要明确目标、定义课程内容、设计教学方法、准备教学资源、制定考核方式，并不断改进课程。

三、课程设计的原则

（一）趣味性原则

在为初中生设计人工智能课程时，将趣味性原则纳入设计是很重要的，因为它可以激发学生的兴趣和好奇心，提高他们学习的积极性。以下是一些建议，帮助教师在课程设计中体现趣味性原则：

1. 游戏化学习

将人工智能的概念和原理转化为互动游戏或挑战，让学生通过参与游戏来学习。例如，设计一个 AI 编程游戏，让学生在游戏中编写代码来让虚拟角色完成任务。

2. 创意项目

鼓励学生进行创意项目，让他们运用人工智能的概念和技术来解决实际问题或创造新的作品。例如，让他们设计一个可以使用语音识别的智能家居系统，或者让他们运用机器学习算法来创建一个能够识别和分类图像的应用程序。

3. 视频和动画

使用有趣的视频和动画来介绍人工智能的基本概念和原理。可以选择有趣的卡通角色或故事情节，以吸引学生的注意力，同时保持学习内容的准确性和趣味性。

4. 互动实验

设计一些简单而有趣的实验，让学生亲自体验人工智能的工作原理。例如，让他们使用可编程机器人进行追踪和避障的任务，或者让他们尝试使用机器学习算法来训练一个模型，以区分不同种类的图像。

5. 故事和案例研究

通过讲述关于人工智能应用的故事和案例研究，引发学生的思考和讨论。

可以选择一些与学生生活相关的例子，如智能助手、自动驾驶汽车或智能游戏，让他们思考这些技术如何影响和改变我们的日常生活。

6. 实践与展示

鼓励学生在课程中进行实践和展示。例如，让他们与其他同学合作，设计并展示一个基于人工智能的创意项目。这样可以提高他们的合作能力和表达能力，同时增强他们对所学内容的理解。

通过以上的设计方法，教师可以在人工智能课程中充分把握趣味性原则，激发学生的学习兴趣，并让他们在愉快的学习环境中获得知识和技能。注意根据学生的年龄和兴趣程度进行适度的调整，以确保他们能够理解和参与课程。

（二）实用性原则

在人工智能课程设计中，将实用性原则纳入考虑是至关重要的，因为它能够帮助学生将所学知识应用于实际情境中，并培养他们解决问题的能力。以下是一些方法，可帮助教师在课程设计中体现实用性原则：

1. 问题导向

将课程设计围绕实际问题展开，让学生理解人工智能技术是如何应用于解决现实问题的。引导学生思考，如何利用人工智能技术改善生活、提高效率或解决社会问题。

2. 案例分析

引入真实世界的案例研究，让学生了解人工智能在各个领域的实际应用。通过分析和讨论这些案例，帮助他们理解人工智能的潜力和局限，并启发他们提出自己的应用想法。

3. 实践项目

设计实践性的项目，让学生亲自动手实践人工智能技术。例如，让他们设计一个能够识别和分类物体的图像识别系统，或者让他们使用机器学习算法来预测某种现象的发生。

4. 数据收集与分析

鼓励学生进行数据收集和分析，帮助他们理解人工智能中的数据驱动原则。可以引导他们从日常生活中收集数据，并使用简单的工具和技术进行数据分析和可视化，以发现其中的模式和趋势。

5. 合作项目

开展合作项目，让学生在小组中合作解决实际问题。通过与其他同学合作，学生可以学习团队合作、交流和协作的技巧，同时将人工智能的概念应用于解决实际挑战。

6. 评估和反馈

为学生提供评估和反馈机制，让他们了解自己在实际应用中的表现和改进空间。可以通过评估项目的完成情况、实际应用的成效，以及提供同伴和教师的反馈来帮助他们不断提升自己的实用技能。

通过以上设计方法，你可以帮助学生将所学的人工智能知识应用于实际情境中，培养他们的实用技能和解决问题的能力。这将使他们将来在面对真实世界的挑战时能够更加自信。

（三）可操作性原则

在人工智能课程设计中，将可操作性原则纳入考虑是非常重要的。以下是一些方法，可以帮助教师在课程设计中体现可操作性原则：

1. 实践性任务和项目

设计一系列实践性的任务和项目，让学生亲身参与实际操作。例如，他们可以编写代码实现机器学习算法，使用数据集进行训练和测试，并观察算法的效果。通过这样的实践任务，学生能够直接操作人工智能工具和技术，加深对其原理和应用的理解。

2. 编程和算法实现

鼓励学生通过编程来实现人工智能算法和模型。可以选择一些简单的算法，如线性回归、决策树等，让学生亲自编写代码，并在实际数据上进行测试和优化。这样的实践过程将帮助学生深入了解算法的操作细节和参数调整的重要性。

3. 可视化工具和平台

引导学生使用可视化工具和平台来操作和探索人工智能技术。例如，他们可以使用包括 Mind + 在内的可视化编程工具，通过拖拽和连接代码块的方式来构建人工智能应用。这样的工具可以降低学生学习的技术门槛，并使他们更容易理解人工智能概念。

4. 实时演示和演练

在课堂上进行实时演示和演练，让学生亲自参与操作过程。例如，教师可以使用交互式编程环境，让学生实时调整参数、观察结果，并与模型进行交互。这样的实时操作可以激发学生的兴趣，提高他们对人工智能技术的操作能力。

5. 赛事和竞赛

组织人工智能竞赛和挑战赛，让学生在实际问题中应用他们所学的知识和技能。这样的竞赛可以激发学生的竞争意识和创新能力，并通过实际操作检验他们的可操作性水平。

四、课程设计的方式

人工智能课程设计的方式可以概括为以下几点：

（一）明确课程目标和学习目标

课程设计需要先明确课程的整体目标，以及针对不同的学生群体制定具体的学习目标，确保学习内容和活动都与这些目标相符。

确定合适的教学策略和方法：不同的学生群体和学习目标需要不同的教学策略和方法，设计者需要选择最适合的教学方法来达到预期的学习效果。

以项目为基础：人工智能是一门实践性很强的学科，课程设计应该以实践项目为基础，通过实践来加深学生对知识的理解。

（二）整合多种资源

人工智能涉及多个领域的知识，课程设计需要整合各种资源，包括教材、网络资源、工具软件等，提供多样化的学习资源。

（三）强调团队合作和交流

人工智能项目往往需要团队合作和交流，课程设计应该培养学生的团队合作和交流能力，同时为学生提供合适的合作和交流机会。

（四）鼓励学生自主学习和思考

人工智能是一门发展迅速的学科，课程设计需要鼓励学生自主学习和思考，培养学生的创新和独立思考能力。

（五）关注人工智能的社会影响

人工智能对社会有着重大影响。课程设计需要让学生了解人工智能的社会影响，并提醒他们注意人工智能应用的伦理和社会问题。

通过以上设计方法，教师可以帮助学生更好地理解和应用人工智能技术，培养他们的实际操作能力。这样的课程设计能够使学生在实际操作中获得经验，加深他们对人工智能的理解，并培养他们的创造力和解决问题的能力。

第三章 初中人工智能课程设计的前期分析

一、学习对象分析

当研究涉及初中生的心理、学习和认知特点时，以下是有关的一些常见的特征：

（一）心理特点

身份探索：初中生通常开始对自己的身份和价值观进行深入思考，并试图找到自己在社会中的角色和定位。

自我意识增强：他们对自己的外貌、行为和社交关系变得更加敏感，开始关注自己在他人眼中的形象。

情绪波动：初中生常常经历情绪上的波动。由于身体和生活的变化，他们可能会产生焦虑、压力和情绪起伏。

自主性增强：他们逐渐表现出更强的独立性和自主性，开始独立思考、作出决策和承担责任。

（二）学习特点

学科深化：初中的学科内容和难度相对于小学会更加深入和复杂，需要学生发展更强的学习能力和技巧。

学习组织能力：初中生需要逐渐学会管理时间、制订学习计划和组织学习材料，以应对学业上的挑战。

多样化的学科：初中生会接触到更多学科，如数学、科学、语言、社会科学等。他们需要适应并应对这些学科的要求。

发展批判性思维：初中生开始培养批判性思维能力，学会评估信息的可靠性、提出问题和解决问题。

（三）认知特点

抽象思维能力：初中生的思维能力逐渐发展到更高层次，能够进行抽象思维、概念理解和逻辑推理。

自主学习：他们逐渐培养起自主学习的能力，能够独立进行研究、探索和解决问题。

视野拓宽：初中生开始对世界有更广阔的认知，对社会、文化、科学等领域的理解和兴趣逐渐增加。

思维灵活性：他们能够更好地适应变化和应对复杂问题，发展出灵活性和创新性思维的能力。

需要注意的是，这些特点是一般性的描述，每个初中生的发展情况和特点可能会有所不同，还会有一定的个性化。有些学生可能在某些方面更为突出，而在其他方面则有所欠缺。因此，教育和支持应该根据个体的需要和发展情况来进行。

二、课程的特点

当初中生在学习人工智能方面的知识和技能时，他们可能具有以下优势和不足之处：

（一）优势

快速学习能力：初中生通常拥有较强的学习能力，能够迅速吸收新的知识和技能。他们的大脑处于高度塑造的阶段，能够更容易理解和应用新的概念。

技术适应性：与成年人相比，初中生更容易适应新的技术和工具。他们通常对数字技术和计算机的使用更加熟悉，并且更有可能接受和探索与人工智能相关的概念和应用。

创造力和想象力：初中生具有较强的创造力和想象力，这对于学习人工智能非常重要。人工智能的发展需要创新思维和新颖的观点，初中生能够带来新的想法和解决问题的方法。

好奇心和探索欲望：初中生通常对未知领域充满好奇心，并愿意尝试新的事物。他们有探索世界、探索人工智能技术的积极态度。这种好奇心对于深入学习和理解人工智能概念非常有益。

（二）不足之处

抽象思维的发展：初中生的抽象思维能力尽管在逐渐发展，但相对于成年人来说，他们对事物的认识仍然较具象，可能需要更多的时间和努力来理解人工智能中的一些抽象概念和算法。

数学和编程基础：在学习人工智能时，数学和编程是重要的基础。初中生虽然可能已经开始学习这方面的知识，但数学和编程能力相对较弱，可能需要更多的指导和支持来理解和应用相关概念。

经验和实践：人工智能的学习通常需要实践和实际应用，以加深理解并提高技能。初中生由于在实际应用方面缺乏经验，可能需要更多的机会来实践所学的知识。

成熟度和责任感：人工智能涉及一些伦理和社会问题，需要责任感和成熟度。初中生在这方面相对不足，可能需要指导和引导来理解和处理相关问题。

总体而言，初中生尽管在学习人工智能方面可能面临一些挑战，但学习能力、适应能力和创造力使他们有潜力在这个领域取得成功。重要的是给予他们正确的指导、培养他们的兴趣，并为他们提供适当的资源和实践机会。

三、课程设计的需求分析

（一）课程改革的需要

1. 适应未来社会需求

人工智能技术正在日益成为社会发展的核心驱动力之一。将人工智能课程纳入教育体系，可以帮助初中生适应未来社会和职场的需求。通过培养人工智能技能，初中生将更好地理解和应用这一关键技术，并在未来找到更多机会。

2. 培养综合素养

人工智能不仅涉及技术层面，而且涵盖伦理、社会影响等多个方面。给初中生设计人工智能课程可以促进他们的综合素养发展，包括批判思维、伦理意识、创新能力和合作精神。这将培养他们成为具备全面素养的未来领导者和参与者。

3. 提高信息素养

人工智能技术广泛应用于数据处理、信息搜索、自动化决策等方面。通过人工智能课程的学习，初中生将学会如何利用人工智能工具与技术处理和分析信息，提升他们的信息素养。这对于他们在信息时代中进行有效的信息筛选和利用至关重要。

4. 培养创造力和问题解决能力

人工智能是一个充满挑战和创新的领域。人工智能课程可以激发初中生的创造力和问题解决能力。他们将学会提出问题、设计解决方案，并运用人工智能工具和技术进行实践。这将培养他们的创新思维和实践能力。

5. 弥补数字鸿沟

在数字时代，了解和掌握人工智能技术将成为一项重要的数字能力。给初中生设计人工智能课程有助于弥补数字鸿沟，让更多初中生具备数字技术的理解和应用能力，不至于被科技发展边缘化。

综上所述，给初中生设计人工智能课程可以使他们适应未来社会需求，培养综合素养，提高信息素养，培养创造力和问题解决能力，并弥补数字鸿沟。这样的课程改革有助于培养具备未来竞争力和适应能力的初中生，让他们能够积极融入和塑造科技驱动的社会。

（二）学校发展的需要

1. 促进创新文化

人工智能是一门具有创新性和前沿性的领域，给学生设计人工智能课程可以促进学校的创新文化。学生将有机会探索新兴技术、思考未来的可能性，激发创造力和创新精神。这将为学校建立一个积极、开放和创新的学习环境。

2. 提升学校的声誉和竞争力

提供人工智能课程可以提升学校的声誉和竞争力。学校将成为培养学生现代技术技能的中心之一，吸引更多家长和学生选择该学校。这将有助于学校在教育市场中脱颖而出，并与其他学校形成差异化竞争。

3. 适应教育改革和课程标准

许多国家和地区已将人工智能纳入教育改革和课程标准中。给初中生设计人工智能课程可以帮助学校与当地和全球的教育潮流保持同步。这将有助于学校满足政府和社会对于现代化教育的要求，使学生具备与时俱进的知识和技能。

4. 强化跨学科教育

人工智能是一个跨学科领域，涉及计算机科学、数学、数据科学、哲学、伦理等多个学科。设计人工智能课程可以促进学科之间的融合，培养学生的综合素养和跨学科思维。这将使学生能够更全面地理解和应用人工智能技术，拓宽他们的学科视野。

5. 培养未来人才

人工智能技术的发展将对未来的就业和社会需求产生深远影响。给初中生设计人工智能课程可以为他们提供早期的人工智能教育，培养他们成为未来的人工智能专业人才。这将有助于满足人工智能领域的人才需求，并为学生未来的就业和职业发展打下坚实的基础。

通过给初中生设计人工智能课程，学校能够促进创新文化，提升声誉和竞争力，适应教育改革和课程标准，强化跨学科教育，并培养未来人才。这将为学校发展提供机遇，使其在教育领域保持领先地位，并为学生的未来成功奠定基础。

（三）学生自身的需求

学生自身发展也对人工智能课程有许多方面的需求，包括以下几点：

1. 未来职业准备

人工智能技术在各行各业都得到广泛应用，给学生设计人工智能课程可以帮助他们为未来的职业做准备。学生将学习人工智能的基本原理和技能，了解其应用领域和职业机会。这将帮助他们未来在面对就业市场时更有竞争力，并具备更多的选择机会。

2. 提升技术素养

人工智能已经成为数字时代的核心技术之一。给学生设计人工智能课程可以提升他们的技术素养，让他们了解和掌握人工智能的基本概念、工具和技术。这将帮助学生更好地应对数字化时代的挑战，提升他们的科技素养和信息处理能力。

3. 培养创造力和创新精神

人工智能是一个富有创造力和创新精神的领域。通过人工智能课程的学习，学生将有机会参与创新性的项目和实践，培养创造力和解决问题的能力。这将激发学生的学习兴趣，培养他们的创新思维和实践能力。

4. 培养批判思维和伦理意识

人工智能技术涉及伦理、隐私、公平性等一系列复杂问题。给学生设计人工智能课程可以培养他们的批判思维和伦理意识，使他们能够更加理性地思考和评估人工智能技术的应用和影响，将他们培养为负责任的技术使用者和决策者。

5. 激发兴趣和探索欲望

人工智能是一个前沿和引人入胜的领域，给学生设计人工智能课程可以激发他们的兴趣和探索欲望。学生将有机会了解人工智能的应用领域，探索人工智能的潜力，并从中发现自己的兴趣和天赋。这将推动学生积极参与学习，拓宽他们的知识领域。

通过给初中生设计人工智能课程，可以帮助他们规划未来的职业，提升技术素养，培养创造力和创新精神，培养批判思维和伦理意识，激发兴趣和探索欲望。这将有助于学生全面发展，为他们的个人成长和未来的成功打下坚实的基础。

四、课程设计的可行性分析

在初中开设人工智能课程是具有可行性的。

（一）认知发展阶段

初中生正处于一个关键的认知发展阶段。他们开始具备更复杂的逻辑思维和抽象思考能力，可以理解和掌握一些基本的编程概念和算法思维。

（二）技术可用性

现今有许多专为未成年人设计的编程工具和平台，如 Mind + 等，使用了直观的拖放式编程界面，使得初中生无须深入了解复杂的编程语言也能进行编程实践。

（三）早期 STEM 教育的重要性

STEM（科学、技术、工程和数学）教育越来越受到重视。人工智能作为其中一个重要分支，可以激发初中生对科学和技术的兴趣，为他们未来的学习和职业发展奠定基础。

（四）培养 21 世纪必备技能

人工智能教育不仅教授技术技能，而且可以培养初中生的问题解决能力、创造力、批判性思维和团队协作能力等 21 世纪必备技能。

（五）社会和经济背景

随着人工智能在各个领域的广泛应用，理解和使用 AI 技术将成为未来劳动力市场最看重的能力。从小培养这些技能有助于初中生适应未来的社会和经济环境。

（六）伦理和公民素养

通过人工智能教育，初中生可以较早接触与技术相关的伦理和社会问题，如隐私、偏见和自动化等，培养公民意识和责任感。

总的来说，为初中生开设人工智能课程不仅可行，而且具有重要的教育价值。通过合理的设计和实施，可以确保课程符合初中生的发展水平和学习需求，并为他们的全面成长作出积极贡献。

第四章　初中人工智能课程目标设计

一、课程定位

人工智能课程的定位可以分为以下几个方面：

（一）知识传授和技能培养

人工智能课程需要传授基本的人工智能知识，如机器学习、深度学习、自然语言处理等；同时培养学生在人工智能领域的技能，如数据分析、算法设计、软件开发等。

（二）实践和项目驱动

人工智能是一门实践性很强的学科。课程需要通过实践和项目驱动来加深学生的理解和掌握。课程设计可以安排一些实践项目，让学生在实践中学习和应用人工智能知识和技能。

（三）创新和研究导向

人工智能是一个快速发展的领域。课程需要鼓励学生进行创新和研究，培养学生的创新精神和研究能力。可以设置一些研究性课程或课程项目，让学生进行一些创新性研究。

（四）应用导向

人工智能技术在各个领域都有广泛的应用。课程需要注重应用导向，让学生了解人工智能在实际应用中的情况，并培养学生的应用能力。

（五）职业素养培养

人工智能课程需要注重培养学生的职业素养，如团队合作能力、沟通能力、项目管理能力等，以帮助学生在未来的职业发展中更好地应对挑战。

总之，人工智能课程应该具有知识传授和技能培养、实践和项目驱动、创新和研究导向、应用导向和职业素养培养等多重课程定位。

二、课程目标设计依据

在人工智能课程目标的基础上，如何开发出适合初中学生能力水平、满足学生需求的人工智能通识课程是我们当前的首要目标。

（一）素养导向

传统的基于三维目标的教学设计以知识点的传授为主，教师上课讲知识，学生听知识，然后教师检测学生有没有掌握知识。

如何让学生能在未来肩负起建设国家的重任，是每一位教师都应该认真思考的问题。未来，我们的学生面对的可能是现在还没有出现的技术，今天我们教给学生的知识，5 年后可能已经过时了。论知识的搬运，人工智能可能比我们的学生更胜一筹。

面对未来，我们的学生应该掌握解决问题的思维方式，形成分析问题、解决问题的核心素养。而素养的核心就是可迁移，就是不管在多么陌生的情境下，学生都可以调动自己的知识储备，经过分析和比较，选择合适的方法去解决问题。

（二）育人的必然要求

随着义务教育的全面普及，教育需求从"有学上"转向"上好学"，必须进一步明确"培养什么人、怎样培养人、为谁培养人"，优化学校育人蓝图。

培养什么人？培养具备核心素养的人。怎样培养人？采取能够让学生的核心素养得到提升的方式。为谁培养人？毋庸置疑，就是要为党育人、为国育才。

传统的课堂教学，只能是教知识点，而且是零散的知识点。这就是"只见树木，不见森林"。学生不知道为什么学，学了之后也不知道如何迁移运用。知识点的教学，培养不了核心素养。新课标里的关键能力是懂得在什么情境下选择什么知识去做事，所以需要真实情境。而素养则是关键能力加上必备品格（愿意并习惯做正确的事）和价值观念（寻求或坚持把事做到正确）。素养光靠训练是不行的，需要反思和感悟才能形成。

（三）学段衔接

初中和高中的知识衔接是非常重要的，因为高中的知识在很大程度上是基于初中知识的延伸和深化。以下是一些帮助初中生更好地与高中知识链接的建议。

加强基础知识的学习：初中的学习过程中，学生应该注重对基础知识的掌握，因为这些基础知识是高中学习的基石。如果初中的基础知识不扎实，那么高中学习就会出现困难。

学会自主学习：高中学习的课程比初中更多、更深入，学生应该学会自主学习。在初中阶段，学生可以多尝试自主学习的方法，比如自主阅读和自主思考，提高自主学习的能力。

建立知识框架：学生应该将初中学习的内容与高中学习的内容进行联系，建立一个有机的知识框架。例如，学生应该将初中学习的数学知识与高中学习的数学知识进行联系，建立一个完整的数学知识框架。

联系实际生活：初中生可以尝试将所学知识联系实际生活，例如物理学习中的力、速度等，可以联系日常生活中的运动、交通等。

提高英语水平：英语是高中学习的必修课程，初中生可以通过阅读英文原版书籍、观看英语电影等方式提高英语水平，为高中的英语学习打好基础。

总之，初中生应该注重基础知识的积累，提高自主学习能力，建立知识框架，并将所学知识联系实际生活，提高英语水平，为高中学习打好基础。

三、课程的核心素养与目标

（一）核心素养

核心素养是学科育人价值的集中体现，是学生通过学科学习而逐步形成的正确价值观、必备品格和关键能力。初中人工智能核心素养由智能意识、智能思维、智能应用与创新、智能社会责任四个核心要素构成。它们是初中生在接受人工智能教育过程中逐步形成的有关人工智能的知识与技能、过程与方法、情感态度与价值观的综合表现。四个要素互相支持、相互渗透，共同促进学生人工智能核心素养的提升，具体内涵表述如下[①]：

---

① 中小学人工智能课程指南课题组．中小学人工智能课程指南［J］．华东师范大学学报（教育科学版），2023，41（3）：121－134.

1. 智能意识

智能意识是指个体对人工智能的敏感度、理解力和价值判断。具备智能意识的学生能够判断场景是否应用了人工智能，能够区分动物智能、人类智能和机器智能，知道人工智能的发展历史和基本分类，掌握人工智能的基本概念，理解人工智能的有限替代作用，能够意识到人工智能的优缺点，并想象人工智能的未来。

对人工智能的了解程度：判断一个人是否具备智能意识，首先需要考虑他对人工智能的了解程度。如果一个人对人工智能的概念、应用和发展有比较全面的了解，那么他可能更容易对人工智能的风险和机遇有较为准确的判断和预测。

对人工智能应用的评估能力：一个具备智能意识的人应该能够对不同的人工智能应用进行评估，包括评估其风险、优劣和可行性等方面。例如，对于自动驾驶技术，一个具备智能意识的人应该能够评估其安全性、可靠性和合法性等方面，并对其潜在的风险和影响有一定的认识。

对人工智能的反思能力：具备智能意识的人应该能够对人工智能的现状和发展进行反思，包括其对社会、经济和文化等方面的影响。例如，一个具备智能意识的人应该能够思考人工智能对就业、教育和隐私等问题的影响，并提出一些可行的解决方案。

判断一个学生是否具备智能意识，需要考察他们在以下方面的表现：

知识水平——学生是否对人工智能的基本概念、原理、应用和发展有一定的了解和认识。例如，学生是否了解人工智能的历史背景、各种算法、技术和模型等。

解决问题的方法——学生是否具备利用人工智能方法解决实际问题的能力。例如，学生是否能够将人工智能算法应用于实际问题中，比如利用机器学习算法对数据进行分类和预测。

应用意识——学生是否具备对人工智能应用的认识和判断力。例如，学生是否能够识别人工智能在各个领域中的应用，如自然语言处理、计算机视觉、智能驾驶等，并了解其优缺点及潜在风险。

反思思维——学生是否能够进行关于人工智能的反思和思考。例如，学生是否能够对人工智能的社会、伦理和法律问题进行思考，并提出自己的看法和观点。

2. 智能思维

智能思维是指个体运用人工智能领域的技术方法，在形成问题解决方案的过程中产生的一系列思维活动。具备人工智能思维的学生，能够理解人工智能的核心理念，在任务中能够运用核心理念分析和界定问题，采用适当的方法处理数据和提取特征，通过判断、分析、实验等途径，选取合理的或创造新颖的算法形成问题解决方案，总结利用人工智能解决问题的过程与方法，并迁移到其他领域的同类问题中。

具备人工智能学科思维的人在解决问题时，通常会采用以下步骤：

确定问题和目标——首先需要明确问题的定义和目标，确保问题清晰明确，并明确解决问题的目标是什么。这个步骤是关键的，因为一个不清晰的问题定义可能会导致不准确的分析和解决方案。

收集和准备数据——在人工智能领域，数据是至关重要的。具备人工智能学科思维的人会收集和准备数据，以确保数据的质量和可用性。这些数据可以有不同的来源，例如传感器、数据库、社交媒体等。

数据分析——一旦收集到数据，就需要进行分析。具备人工智能学科思维的人会使用统计学知识、机器学习等技术来对数据进行分析，并探索潜在的模式和关系。这个过程可能涉及数据可视化、模型训练、模型选择等步骤。

解决方案设计——基于数据分析结果，具备人工智能学科思维的人会设计一个解决方案。这个解决方案可能是一个机器学习模型、一个算法、一个应用程序等。在设计解决方案的过程中，需要考虑解决方案的效率、准确性、可扩展性等因素。

实现和测试——在确定了解决方案之后，具备人工智能学科思维的人会开始实现和测试它。这个过程可能涉及编程、软件工程、测试等方面的知识。在测试的过程中，需要确保解决方案的可靠性、效率和准确性。

部署和维护——一旦解决方案被证明有效，并且已经通过了测试，具备人工智能学科思维的人会开始部署它，并定期维护它，以确保它的性能和可靠性。这个过程可能涉及运维、监控、故障排除等方面的知识。

总之，具备人工智能学科思维的人会在解决问题的过程中，采用科学、系统、创新的方法，以确保最终得到一个可靠、高效、准确的解决方案。

3. 智能应用与创新

智能应用与创新是指个体根据实际需求，批判性地评估并选用合适的人工智能资源与应用工具，与人工智能进行有效沟通和合作，管理学习与生活，辅助增强人类智能，解决实际问题。树立"智能是手段，人才是目的"的理念，将人工智能融入日常的学习、生活与工作中。具备智能应用与创新能力的学生能够识别智能应用与资源的优势和局限性，使用人工智能优化实际应用并进行创造性的实践。

评估学生是否具备智能应用与创新素养可以从以下方面来进行：

对人机接口技术的熟练程度，包括对人机交互、自然语言处理、数据可视化等技术的熟练程度。一个具备人机协同能力的人，应该能够自如地使用各种人机接口技术，与人工智能进行高效的沟通和协作。

任务分配和合作的能力，包括对任务的理解、分析、协调和执行等方面的能力。一个具备人机协同能力的人，应该能够合理分配任务，进行任务规划和协作，达到协作效率的最大化。

问题解决和创新能力，包括对问题的识别、解决和优化等方面的能力。一个具备人机协同能力的人，应该能够在实际应用场景中，通过创新思维和解决问题的能力，与人工智能协同工作，达到更好的效果。

对人工智能的理解和应用能力，包括对人工智能技术的了解、掌握和应用等方面的能力。一个具备人机协同能力的人，应该能够充分理解和应用人工智能技术，发挥其最大的协作效果。

4. 智能社会责任

智能社会责任是指在智能社会中的个体在隐私保护、伦理规范和行为自律方面应尽的责任。具备智能社会责任的学生，能够理解人在人工智能中的重要作用，理解数据偏见和算法偏见是造成人工智能偏见的主要原因，能够批判性地解释数据和看待算法；具有一定的数据安全意识与能力，能够遵守有关个人数据信息的法律法规，信守智能社会的道德与伦理准则；关注人工智能技术创新对社会的影响和冲击，能够辩证、发展和客观地看待人工智能的社会影响；对于人工智能技术创新带来的新观念和新事物，具有积极学习的态度、理性判断的思维和负责行动的能力。

评估一个学生是否具备智能社会责任这一素养，需要从以下几个方面进行考察：

对人工智能技术的理解和认识——学生应该具备对人工智能技术的基本认识和理解，包括人工智能的应用领域、发展趋势、技术原理等方面。这样才能够从根本上认识人工智能的社会责任和作用。

人工智能应用的潜在风险——学生应该能够理解人工智能应用所带来的潜在风险，例如隐私泄露、算法歧视、数据不平衡等，认识到人工智能的发展应该是可持续的、利于人类的。

倡导人工智能的道德和伦理规范——学生应该具备在人工智能应用过程中秉持良好的道德和伦理规范的意识，例如公正性、透明度、责任感等。同时，学生应该倡导并推动人工智能的发展方向，使其更好地服务于人类。

对人工智能相关政策法规的了解——学生应该具备对人工智能相关政策法规的基本了解，例如隐私保护、数据安全、知识产权保护等，能够遵守相关规定，保障人工智能应用的合法性和安全性。

简而言之，评估一个学生是否具备智能社会责任这一素养，具体可以通过课堂作业、课堂讨论、小组报告、项目演示等形式进行；同时，需要注意评估的客观性和准确性，避免主观臆断和片面评价。

（二）目标

1. 培养适应智能社会发展的未来公民

人工智能课程应提升学生对智能技术发展的敏感度与对智能社会的适应性，帮助其学会有效利用信息社会中的智能技术、工具与服务，优化自己的学习和生活，提高社会参与度。课程开发要引导学生思考人工智能技术应用过程中个人与社会的关系，思考智能技术为人类社会带来的机遇和挑战，鼓励学生履行个人在智能社会中的责任和义务，帮助学生成长为智慧的技术使用者、理性的技术反思者和创新的技术设计者。

2. 支撑学生人工智能核心素养的发展

课程内容以学习主题为结构组织与推进路径，融入数据、智能算法、智能应用和智能社会等学科的重要概念及技能。结合人工智能的前沿技术与发展趋势，引导学生学习人工智能的基础原理与技能、感悟人工智能学科方法与学科思想。结合学生已有的经验，在课程中引入与人工智能相关的真实问题并创设情境，融合学习内容，增强学生的智能社会责任意识，实现智能技术知识与技能、过程与方法、态度与价值观的统一。

3. 满足学生对人工智能的学习兴趣

课程体系遵循中小学学生的认知特征和多样化学习需要，体现人工智能课程在初级阶段的普及性、多样性、系统性和开放性。课程体系为我国各学段学生提供适应未来智能社会的基础性核心内容，培养学生的学习兴趣，拓展课程内容的广度、深度和问题情境的复杂度，以满足学生对人工智能课程的多元需求。

4. 推动智能时代的学习创新

课程评价以科学工程基本素养为发展导向，以基础关键能力提升为目标，推荐利用多种方式跟踪学习过程，注重情境中的过程性评价和整体性评价。评价方式和评价工具应支持学生以自主和协作两种方式解决学习中的问题，倡导基于项目的学习；也可以通过标准化测试和项目实践活动相结合的评价方式，获取相对充分的反馈信息，支持进一步的有效学习与教学。①

四、课程的学科大概念

初中人工智能课程的学科大概念包括但不限于以下几种：机器智能、机器学习、数据和算法、人机交互、人工智能的应用、伦理和社会影响。

（一）机器智能

机器智能是对人类智能的模拟。

（二）机器学习

机器学习是一种让计算机从数据中学习的方法。通过分析和模式识别，机器可以自动改进自己的行为和增强决策能力。

（三）数据和算法

人工智能的关键在于数据和算法。数据是机器学习的基础，而算法是指导机器学习和决策的数学模型和规则。

（四）人机交互

人机交互是指人类与计算机系统进行有效沟通和互动的过程。我们可以使用语音、图像、手势等方式与机器进行交流。

（五）人工智能的应用

人工智能在各个领域都有广泛的应用，例如智能助手、自动驾驶、智能家居等。了解这些应用可以让初中生认识到人工智能的实际应用和潜力。

（六）伦理和社会影响

人工智能的发展涉及一些伦理和社会影响的问题，例如隐私保护、算法偏

---

① 中小学人工智能课程指南课题组．中小学人工智能课程指南［J］．华东师范大学学报（教育科学版），2023，41（3）：121－134.

见、就业和责任等。我们需要思考如何正确使用人工智能技术及如何解决相关问题。

　　这些大概念可以帮助学生初步了解人工智能的核心概念和应用，同时引导他们思考人工智能的影响和价值。在教学中，可以通过具体案例、互动活动和讨论来加深学生对这些大概念的理解。

第五章　初中人工智能课程过程设计

一、项目化学习模式

（一）项目化学习与人工智能课程契合性

在人工智能课程中非常适合开展项目化学习，因为人工智能是一门实践性很强的学科，需要通过实际操作和实践来加深学生对知识的理解和应用能力。

1. 培养实践能力

通过项目化学习，学生能够更加深入地了解人工智能技术的原理和应用，并且能够将理论知识应用到实际操作中，从而培养实践能力。

2. 提高综合素质

项目化学习需要学生进行团队合作、分工协作、任务分配等，能够有效地提高学生的综合素质和团队合作能力。

3. 培养创新能力

项目化学习注重学生的探究和创新能力，能够激发学生的学习兴趣，提高学生的创新思维能力。

4. 实现知识融合

人工智能涉及多个学科的知识，如数学、计算机、统计学等，通过项目式学习，能够将多个学科的知识融合起来，加深学生对知识的理解和应用。

简而言之，项目化学习是人工智能课程中非常适合的学习方式，能够帮助学生加深理解，提高学生的实践能力和创新能力，也能够促进跨学科知识的融合。

（二）项目化学习流程

在人工智能课程中开展项目化学习，一般可以遵循以下流程：

1. 确定项目主题

选择一个与人工智能相关的主题，比如图像识别、语音识别、自然语言处理等；同时，需要考虑到项目难度和可行性，确保学生能够完成项目。

2. 组建小组

将学生分成若干小组，每个小组负责一个项目。小组成员一般不超过 5 人，以保证团队协作和沟通效率。

3. 分工合作

在小组内进行分工合作，明确每个成员的任务和责任。比如，可以让其中一名学生负责项目的设计与规划，另一名学生负责数据的采集和预处理，还有一名学生负责算法的选择和实现等。

4. 设计项目计划

制定项目计划，明确每个阶段的任务和时间节点。例如，可以将项目过程分为数据收集、数据预处理、算法实现、模型优化和结果展示等阶段，确定每个阶段的具体任务和完成时间。

5. 实施项目

在教师的指导下，小组成员开始实施项目。在实施过程中，小组成员需要保持团队协作和沟通，及时解决问题和调整计划。

6. 项目展示

在项目完成后，小组成员需要向全班展示项目结果。项目结果展示可以包括项目思路、数据处理方法、算法实现、模型效果和创新点等方面。

7. 总结反思

在项目展示后，小组成员需要进行总结和反思，包括对项目过程的评价和对结果的分析。同时，教师也需要对项目的实施进行评估和反思，以便进一步改进教学方法和课程内容。

综上所述，项目化学习可以帮助学生将所学知识应用到实践中，促进学生的创新思维和团队协作能力。以上流程的实施可以有效地提高学生的学习兴趣、丰富学习成果。

二、"场景—原理—应用"教学流程

（一）该教学流程的来源

《义务教育信息科技课程标准（2022 年版）》中的课程实施部分的教学建议中提到："注重以科学原理指导实践应用强化信息科技学习的认知基础，注重基本概念和基本原理学习。探索'场景分析—原理认知—应用迁移'的教学，从生活中的信息科技场景入手，引导学生发现问题、提出问题，在已有知识基础上分析、探究现象的机理，学习、理解相应科学原理，尝试用所掌握的原理解释相关现象或解决相关问题。"①

（二）该教学流程的内涵

以往的信息技术教学偏重教授技术，学生学习技术、利用技术解决问题。"信息技术"这个名称充分展示了这门课程的侧重点在于"技术"。但技术时时刻刻在更新，特别是信息技术，可以用日新月异来形容；而我们的学生离开学校步入社会之后，在初中所学的信息技术绝大多数都已经过时或被淘汰了。如何让学生在未来社会能够运用所学解决未知问题？很明显，信息科技课程的教学应该注重基本概念和基本原理的学习。只有明白了基本概念和基本原理，学生才能举一反三、闻一知十。这样一来可以大大减少低层次的重复学习，二来也可以提高学生运用基本原理去解决生活中真实问题的能力。

这也完全符合义务教育信息科技课程理念中"遴选科学原理和实践应用并重的课程内容"的表述。课程名称改为"信息科技"，与之前的"信息技术"虽然只是一字之差，但侧重点就发生了很大的变化，从单纯的技术应用转向"通过技术实践，理解技术背后的基本原理和基本概念，提升知识迁移应用能力和信息科技学科思维水平"。

（三）"场景—原理—应用"教学流程图

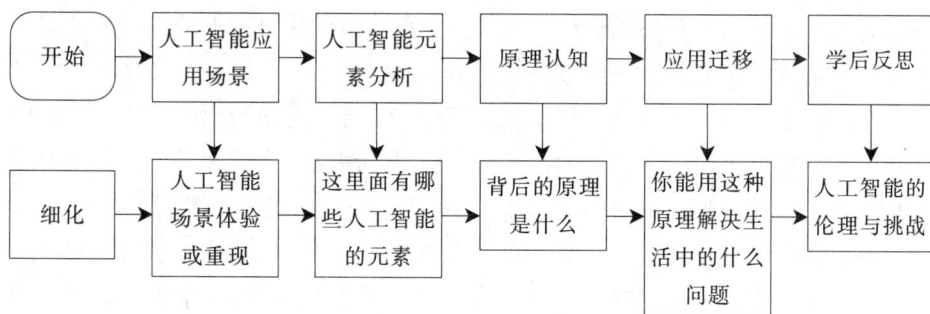

图 5-1 "场景—原理—应用"教学流程图

---

① 中华人民共和国教育部. 义务教育信息科技课程标准（2022年版）[M]. 北京：北京师范大学出版社，2022：48.

　　结合新课程标准中的学业要求，对教学流程图进行再设计。

　　第一步：通过场景体验或重现让学生认识身边的人工智能应用。其中，场景体验可以现场进行，而重现则可以以视频或现场问答的形式来进行。不管采取什么样的形式，都要选取学生身边的真实的人工智能应用场景。

　　第二步：学生分析第一步中的场景中是否包含人工智能元素。如果包含，有哪些人工智能元素？这一步的目的主要是让学生具备能够识别身边的人工智能应用的意识和能力，同时培养学生分析问题的能力、将大问题分解为小问题的计算思维能力等。

　　第三步：学生探究智能应用背后的原理。可以以项目的方式让学生先学习项目范例，了解人工智能的某一种实现方式，列举与该实现方式相关的人工智能术语。教师引导学生从人类智能入手，先分析人类是如何实现这种效果的，然后演示人工智能实现该效果的方式，对比人与人工智能解决同一问题的不同的思维方式。

　　第四步：学生在理解了人工智能应用场景背后的基本原理和基本概念后，运用所学的基本原理自己（小组）选定主题，开展项目实践活动，目的是运用所学的人工智能基本原理，解决身边的实际的简单问题，培养解决问题的能力、批判性思维能力及创造性思维能力。

　　第五步：学后反思阶段。学后反思环节是指在人工智能学习活动完成后，学生对学习过程和结果进行总结和反思的环节，其目的和作用有以下几个方面：

　　促进学生对学习活动的深入思考和反思。通过学后反思环节，学生得以重新审视自己在学习活动中的表现和成长，发掘自身的优势和不足，以及学习中的经验和教训，提高自我认知和反思能力。

　　加强学生对于人工智能学科知识的理解和掌握。在学后反思环节中，可以引导学生从不同的角度去分析学习过程和结果，深化学生对学科知识的理解和掌握，促进学生与他人的交流和合作。在学后反思中，学生可以分享自己的学习经验和感悟，互相借鉴和交流，在学习中共同进步，培养合作和团队精神。

　　提高学习效果，优化学习过程。设计学后反思环节可以让学生对自己的学习过程进行总结和分析，弥补学习时的不足，发现和解决学习中的问题，提高学习效果，优化学习过程。

　　促进持续发展。通过学后反思环节，学生可不断更新和完善自己的学习策略和方法，不断发展自身的反思和批判思维，实现持续学习和发展。

三、"一主三环" 教学范式

以人工智能通识教育为主线的"一主三环"教学范式是广州市教育研究院提出的一种教学方法，专注于中小学人工智能课程的教学，每节课采用体验、实验、应用三个环节进行教学。

在体验环节中，学生将通过实际体验人工智能的应用场景来引发兴趣和好奇心。教师可以展示一些实际的人工智能应用案例，让学生亲身感受人工智能的影响和价值。

在接下来的实验环节中，学生将进行人工智能实验。他们可以通过输入大量的图片等数据，让机器学习建立模型，并进行模型的验证和检验。这样的实验可以帮助学生理解人工智能的基本原理和算法，并培养他们的实验能力和创新思维。

最后，在应用环节中，学生在理解某个人工智能应用的原理之后，将学到的方法和技能应用于解决现实生活中的问题。这个环节的目的是让学生能够将所学的知识迁移到新问题的解决上，培养他们的应用能力和创造力。

这种教学范式通过体验、实验和应用三个环节的结合，帮助学生全面理解和应用人工智能的知识和技能，培养他们的创新能力和问题解决能力。这种教学方法注重学生的实际参与和实践，能够激发学生的学习兴趣，并促进他们的综合素质发展。

第六章　初中人工智能课程内容设计

一、课程内容设计原则

设计初中人工智能课程的内容应该遵循以下原则：

（一）以学生为中心
课程内容应该以学生的需求和兴趣为出发点，符合学生的认知特点和发展规律。学生应该是课程的主体，具有更多的话语权。

（二）强调实践应用
人工智能课程的核心是让学生掌握人工智能的基本概念、技术和应用，因此课程应该以实践应用为主要内容，让学生亲自动手实践、探究和创新。

（三）强调跨学科融合
人工智能的发展涉及多学科领域，因此课程应该融合多学科知识，如数学、物理、语言、社会等，让学生具备多学科交叉思维和创新能力。

（四）强调教学方法的多样性
人工智能课程的教学方法应该灵活多样，包括讲解、演示、案例分析、实验、项目式学习等多种方法，让学生根据自己的学习特点和兴趣选择适合自己的学习方式。

（五）强调价值观的引导
人工智能的发展与应用涉及多重价值观。课程应该注重价值观的引导和培养，让学生具有人文关怀、道德意识和社会责任感。

综上所述，初中人工智能课程的设计原则应该以学生为中心，强调以实践应用、跨学科融合、教学方法的多样性和价值观的引导为基本出发点。在这些原则的指导下，设计出更具有启发性、趣味性和实用性的人工智能课程。

二、课程内容中的价值观和理念

（一）在人工智能课程中体现社会主义核心价值观

1. 强调技术应用的社会责任

在人工智能课程中，应强调技术应用的社会责任意识，即技术开发者和应用者应该对技术的影响及其可能带来的风险有深刻的认识，并在应用过程中尽可能减少负面影响。

2. 关注社会公平和社会福利

在人工智能课程中，应注重强调技术对社会的影响，特别是对弱势群体的影响，包括教育、医疗、就业等方面；同时应该探讨人工智能如何为提高社会福利、促进社会公平作出贡献。

3. 推崇科学精神和创新意识

在人工智能课程中，应强调科学精神和创新意识的重要性。通过教授科学的理论知识和实践经验，鼓励学生从实际问题中寻找解决方案，并激发他们的创新思维。

4. 强调合作共赢

在人工智能课程中，应强调合作共赢的理念。通过开展团队合作项目，鼓励学生与其他人工智能从业者和使用者紧密合作，共同解决实际问题。

5. 重视知识产权和知识共享

在人工智能课程中，应强调知识产权和知识共享的重要性。学生应该了解知识产权的概念和法律保护，也应该了解知识共享的意义和实践。

通过以上方法，人工智能课程可以更好地体现社会主义核心价值观，也可以帮助学生在未来的工作中更好地应对技术和社会的挑战，为建设更美好的社会作出贡献。

（二）体现信息科技课程理念

在给初中生设计的人工智能课程内容中，可以通过以下方式来体现科技并重的理念：

1. 理解基本概念和基本原理

课程应注重帮助学生理解人工智能的基本概念，如机器学习、深度学习、算法等，以及背后的基本原理。学生可以通过示例和案例学习，了解人工智能是如何模拟人类智能和实现自主决策的。

2. 认识人工智能对社会的贡献与挑战

课程应引导学生认识人工智能在社会经济、文化等方面的贡献，如自动驾驶、医疗诊断、智能助理等应用领域；同时，应帮助学生了解人工智能所面临的伦理、隐私、安全等挑战，培养他们对人工智能的审慎思考和负责任使用的意识。

3. 提升知识迁移能力

课程应鼓励学生将所学的人工智能知识与其他学科进行关联，例如数学、科学、语言学等。跨学科的学习和实践可以培养学生的知识迁移能力，使他们能够将人工智能的思维方式和方法应用于解决其他领域的问题。

4. 发展学科思维水平

课程应鼓励学生进行探究和研究性学习，培养他们的学科思维能力。例如，通过小组项目或个人研究，学生可以选择一个与人工智能相关的主题进行深入学习和探索，包括设计一个简单的机器学习模型、开发一个基于人工智能的游戏等，从而培养解决问题和创新的能力。

5. 实践应用

课程应注重人工智能的实践应用，让学生亲自动手进行编程和模型构建。通过使用编程语言和工具，学生可以编写简单的人工智能算法、训练模型，并将其应用于实际问题的解决中，如图像识别、语音识别等。这样的实践体验将帮助学生更好地理解人工智能的工作原理和应用场景。

总的来说，这样设计的人工智能课程能够综合考虑科技和技能的双重重要性。通过理解基本概念和基本原理、认识人工智能对社会的贡献与挑战、提升知识迁移能力、发展学科思维水平，学生可以全面了解人工智能的科学和技术方面，并将其运用于实际问题的解决过程中，培养创新能力和科技素养。

（三）反映数字时代正确的育人方向

1. 强调道德和伦理教育

课程应注重教授学生人工智能的伦理问题和道德规范，引导他们在使用人工智能科技解决问题时考虑社会、环境和个人的利益。学生应被教导尊重隐私、遵守版权和知识产权，拒绝参与恶意攻击、虚假信息传播等不良行为，以培养道德意识和社会责任感。

2. 强调信息素养和批判性思维

课程应注重培养学生的信息素养，帮助他们辨别真假信息、处理信息过载、避免信息泄露等。同时，应培养学生的批判性思维能力，让他们具备审慎评估人工智能技术和应用的能力。由此，学生得以理解其潜在影响和局限性，从而在数字时代作出明智的决策和选择。

3. 培养创新和解决问题的能力

课程应鼓励学生运用人工智能技术解决实际问题，并引导他们思考创新的方法和途径。学生可以通过基于项目的学习，自主设计和开发基于人工智能的解决方案，从中培养创造力、解决问题的能力和团队合作精神。

4. 拓展全球视野和跨文化交流

课程应引导学生了解全球范围内的人工智能发展和应用，认识不同文化背景下的科技伦理观念和法律法规。通过与国际学生或学校的互动合作，学生可以拓宽视野、增进跨文化交流，培养跨文化合作与交往的能力。

5. 强调数字安全和隐私保护

课程应为学生提供在数字时代保护个人隐私和数据安全的知识和技能。学生需要了解个人信息的重要性、隐私保护的措施和风险，学会合理使用数字技术并保护自己和他人的隐私。

通过以上设计，人工智能课程可以帮助学生在数字时代健康成长，培养他们正确的世界观、人生观、价值观，并引导他们成为具有科技伦理意识、社会责任感和创新能力的数字时代公民。

（四）体现真实性学习的理念

1. 创设真实情境和问题

课程可以引入真实的案例或问题，让学生直接面对和解决与人工智能相关的实际问题。例如，学生可以分析真实世界中的数据，运用人工智能算法解决问题，如基于图像识别技术进行垃圾分类、利用机器学习算法预测天气等。通过这样的情境设置，学生可以更好地理解人工智能的应用和原理，培养解决问题的能力。

2. 引入多元化数字资源

课程可以提供多样化的数字资源，如开放数据集、在线学习平台、编程工具等，让学生能够接触和利用真实的数据和工具进行实践。例如，学生可以从开放数据集中获取数据，使用编程工具进行数据分析和模型训练。这样的资源引入可以帮助学生更好地理解人工智能的实际运用，提升他们的学习参与度和兴趣。

3. 鼓励自主规划、管理和评价

课程应支持学生在数字化学习环境下进行自我规划、自我管理和自我评价。学生可以根据自己的兴趣和学习目标制订学习计划，并利用数字工具进行学习资源的收集和整理。他们可以自主探索学习路径，在解决问题的过程中进行自我评价、反思和调整学习策略。通过这样的学习方式，学生可以培养自主学习能力和学习动机，凸显主体性和创造力。

4. 强调实践和应用

课程应注重学生的实践和应用能力培养。学生可以通过项目化学习的方式，选择自己感兴趣的主题进行深入研究和实践。例如，学生可以设计并开发一个简单的人工智能应用程序，如聊天机器人或智能游戏，从中学习并应用人工智能的相关知识和技能。这样的实践经验将帮助学生将所学知识与实际应用相结合，提升他们的问题解决和创新能力。

通过以上设计，人工智能课程可以营造真实性学习的环境，让学生在实际问题和项目驱动的情境中进行原理运用、计算思维和数字化工具的应用，帮助学生建构知识，并提升问题解决能力。同时，强调学生的主体性和自主学习能力，使他们能够在数字化学习环境下进行自我规划、管理和评价，并发展全面的学习能力。

三、课程内容设计依据

初中人工智能课程的内容设计应该基于以下依据：

（一）国家课程标准

国家课程标准是制定初中人工智能课程的基础，要求初中人工智能课程覆盖人工智能的基本概念、技术和应用，并强调实践应用和跨学科融合。

（二）学生认知特点和学习规律

初中生认知水平和发展特点与高中生和大学生有所不同。初中人工智能课程的内容设计应该符合初中生的认知特点和学习规律，注重启发性、趣味性和可操作性。

（三）人工智能发展趋势

人工智能是当今世界科技发展的重要领域之一。初中人工智能课程的内容设计应该紧跟人工智能的发展趋势，了解最新技术和应用，培养学生的创新能力和未来职业发展能力。

（四）社会需求和现实问题

人工智能的发展与应用涉及社会和现实问题，初中人工智能课程的内容设计应该关注社会需求和现实问题，让学生了解人工智能对人类社会的影响和作用，注重培养学生的人文关怀、道德意识和社会责任感。

基于以上依据，初中人工智能课程的内容设计应该根据国家课程标准，注重学生的认知特点和学习规律，紧跟人工智能发展趋势，关注社会需求和现实问题，充分发挥跨学科融合的优势，注重实践应用和价值引导，使学生在学习人工智能知识的同时更好地掌握创新思维和实践能力。

四、课程内容与学业要求

《义务教育信息科技课程标准（2022 年版）》中将义务教育阶段的课程内容分为九个模块：信息交流与分享、信息隐私与安全、在线学习与生活、数据与编码、身边的算法、过程与控制、互联网应用与创新、物联网实践与探索、人工智能与智慧社会。

在整个义务教育阶段，人工智能与智慧社会是唯一一个人工智能方向的模块。人工智能与智慧社会模块被安排在九年级，而在很多地方九年级都不开设信息技术课。这就意味着人工智能与智慧社会模块可能需要与前面的八个模块融合，这样也符合义务教育阶段信息科技课程内容螺旋上升的设计理念。

考虑到人工智能课程的普及性及课时等问题，学校应将义务教育阶段人工智能与智慧社会的课程内容作为初中的人工智能课程内容。

（一）内容要求

内容要求中的高频词是"人工智能应用"，如图 6 - 1 所示。

1.内容要求

（1）通过认识身边的人工智能应用，体会人工智能技术正在帮助人们以更便捷的方式投入学习、生活和工作中，感受人工智能技术的发展给人类社会带来的深刻影响。

（2）通过分析典型的人工智能应用场景，了解人工智能的基本特征及所依赖的数据、算法和算力三大技术基础。

（3）通过对比不同的人工智能应用场景，初步了解人工智能中的搜索、推理、预测和机器学习等不同实现方式。

（4）通过分析典型案例，对比计算机传统方法和人工智能方法处理同类问题的效果。

（5）通过体验人工智能的应用场景，了解人工智能带来的伦理与安全挑战，增强自我判断意识和责任感，做到与人工智能和谐共处。

（6）通过各个领域的人工智能应用，了解智慧社会是集成了多种具有人工智能基础设施和服务的智能生态系统的新型社会形态，认识到为保障智慧社会的安全发展自主可控技术的必要性。

图6-1 内容要求中的高频词

很多老师以为人工智能模块的内容很难，其实如果仔细研读《义务教育信息科技课程标准（2022年版）》，就会发现其中对于内容的要求都是以"了解""体会""感受"等词来进行界定的。这个要求相对而言不难实现，如图6-2所示。

1.内容要求

（1）通过认识身边的人工智能应用，<u>体会人工智能</u>技术正在帮助人们以更便捷的方式投入学习、生活和工作中，<u>感受人工智能技术的发展</u>给人类社会带来的深刻影响。

（2）通过分析典型的人工智能应用场景，<u>了解人工智能的基本特征</u>及所依赖的数据、算法和算力三大技术基础。

（3）通过对比不同的人工智能的应用场景，初步了解人工智能中的搜索、推理、预测和机器学习等不同实现方式。

（4）通过分析典型案例，<u>对比计算机传统方法和人工智能方法</u>处理同类问题的效果。

（5）通过体验人工智能的应用场景，<u>了解人工智能带来的伦理与安全挑战</u>，增强自我判断意识和责任感，做到与人工智能和谐共处。

（6）通过各个领域的人工智能应用，<u>了解智慧社会</u>是集成了多种具有人工智能基础设施和服务的智能生态系统的新型社会形态，<u>认识到为保障智慧社会的安全发展自主可控技术的必要性</u>。

动词	次数
了解	4
体会	1
感受	1
对比	2
认识	2

图 6-2　内容要求中的行为动词

（二）学业要求

能识别身边的人工智能应用，理解人工智能与现实社会的联系；能列举人工智能的主要术语，了解人工智能的三大技术基础，知道目前常见的人工智能实现方式；知道人工智能可能的科技发展方向和安全挑战，了解智慧社会及自主可控技术的地位。

对学业要求的解读如图 6-3 所示。

2.学业要求——学到什么程度

（1）能识别身边的人工智能应用，看到一个场景，知道这是人工智能。

（2）理解人工智能与现实社会的联系，改变现实社会，进入智慧社会。

（3）能列举人工智能的主要术语，比如机器学习、深度学习等。

（4）了解人工智能的三大技术基础：数据、算法、算力。

动词	次数
了解	2
知道	2
识别	1
理解	1
列举	1

（5）知道目前常见的人工智能实现方式：搜索、推理、预测和机器学习。

（6）知道人工智能可能的科技发展方向和安全挑战，如个人隐私、伦理等。

（7）了解智慧社会及自主可控技术的地位：智慧社会的技术不能被人卡脖子。

图6-3 对学业要求的解读

第七章　初中人工智能课程教学案例设计

一、教学案例1：听音识字——语音识别的原理与应用

（一）教材分析

本课是中山市教育局教学研究室编写的《信息技术八年级（上册）》（广东科技出版社，2011）第二单元"人工智能基础"的第二节课。这节课是学生在了解了什么是人工智能、体验了身边的人工智能之后学习的内容。教学内容包括两部分：语音识别的原理、语音识别的应用。它为下一节课"图像识别"打下基础，有着承上启下的作用。根据学生的年龄特点和认知结构特点，本课围绕"芝麻开门"程序展开，让学生在亲历信息技术探究的过程中培养计算思维。

（二）教学对象分析

初一学生经过小学六年级的学习，对图形化编程有了一定的基础，对开源软硬件有一定了解。对于学习任务，学生能较主动积极地完成，也有较强的动手实操能力。绝大多数学生没有编写过人工智能的程序。程序设计对他们来说既是一个新鲜课程，也是在思维上和技术上都有一定难度的课程。初一学生的心理特点如下：

1. 思维特点

由具体形象思维向抽象逻辑思维过渡。

2. 认知特点

自我意识高涨，渴望他人的认同。

3. 人际交往

重视同伴的作用。因此，教学过程可以从"玩"出发，激发学生兴趣，引导他们积极探究，通过合作解决问题。

（三）教学目标

课程标准——《义务教育信息科技课程标准（2022 年版)》：了解语音识别，能够体验或编写语音识别的简单程序。

1. 知识与技能

第一，了解语音识别的概念。

第二，理解语音识别的原理。

第三，会使用图形化编程软件实现简单的语音识别。

2. 过程与方法

第一，通过情景导入、任务驱动引导学生理解语音识别的原理。

第二，通过"芝麻开门"程序的设计分析，使学生学会语音识别的编程方法。

3. 情感、态度与价值观

体验语音识别、理解语音识别、实现语音识别；享受利用人工智能解决问题的快乐。

（四）教学重难点

1. 教学重点

第一，百度 API 语音识别接口的调用。

第二，语音识别结果的判断。

（原因：相关内容对学生掌握语音识别基本技能起到基础和桥梁作用；在第二单元中使用频率高）

2. 教学难点

使用语音识别解决实际问题。

（原因：比较抽象，离学生实际生活有一定距离，不易被学生理解）

突破措施：采用任务驱动、教学网站辅助教学法，关注问题的提出与解决；学生自主学习、探究合作，逐一突破重难点。

（五）教学方法

本着课堂上以教师为主导、学生为主体的教学原则，教学主要是对照任务单，由教师指导点拨，学生合作探究，师生共同学习等。为了达到课堂的最佳效果，在实施过程中，关键是营造课堂活跃氛围，激活学生思维。

（六）依据理论

算法与程序设计的学习重点不在于对某一编程语言的学习，而是理解模块化程序设计的基本思想，初步掌握调试、运行程序的方法。教学方法的最本质特征就是要促使大多数学生在课堂上积极参与，促使全体学生积极动脑动手。

媒体：网络教室、多媒体课件、ITtools 网络教学平台、Mind + 软件平台。

器材：Arduino Nano 控制板 + 扩展板、LED 灯 2 个、杜邦线 4 根、数据线1 条、舵机 1 个。

（七）设计思想

基于开源硬件的项目设计与开发有利于激发学生创新的兴趣、培养学生动手实践的能力，是在信息技术课程中实现 STEAM 教育的理想方法。通过本节课的学习，学生能利用语音识别解决生活中的简单问题，体验人工智能作品的创意、设计、制作、分享的完整过程，提升计算思维与创新能力。

（八）教学过程

教学过程如表 7 - 1 所示。

表 7 - 1　教学过程

教学环节	教学内容	时间/分钟	教师活动	学生活动
设计意图： 　准备相应软硬件。				
课前准备	为课堂教学做准备		安装 Mind + 软件，分发 Arduino Nano 控制板 + 扩展板、舵机 1 个、数据线 1 条；学生每两人分为一个小组。	打开 Mind + 软件；打开教学网站，预习本课内容。

（续上表）

教学环节	教学内容	时间/分钟	教师活动	学生活动
设计意图： 　　课堂开始，通过讲故事营造氛围，调动学生的好奇心，让他们集中注意力，使他们能更好地体验随后成功的快乐。				
情境导入	童话故事引出课题	2	大家小时候有没有听过《阿里巴巴和四十大盗》的故事？大家还记得故事的梗概吗？强盗们把财物藏在哪里？他们是如何进去存放财宝的？	回忆并试图记起故事的某几个重要环节。
学习新知	语音识别	7	利用百度 API 实现语音识别。 对着麦克风说"芝麻开门"，系统自动识别出"芝麻开门"四个字。	结合微课，观察、理解、学习教师的操作并模仿完成。
设计意图： 　　利用 API 接口开展项目学习。利用范例程序快速上手，同时培养学生动手能力。				
实践探究	实现"芝麻开门"	4	如果语音为"芝麻开门"，就转动舵机开门。如果语音为"芝麻关门"，就转动舵机关门。	交流讨论，猜测并检验。
设计意图： 　　让学生理解语音识别的简单应用。				
逐层深入	如果否则进行判断	5		探究并实践。
设计意图： 　　学生获取信息，判断后进行操作，培养信息科技素养。				

（续上表）

教学环节	教学内容	时间/分钟	教师活动	学生活动
引入概念	引入语音识别概念 讲解语音识别原理	4	通过刚才的两个例子，我们借助百度 API 实现了语音转文字。 语音识别技术：一种让机器从语音中获取语言内容的技术，能够将语音转变为文字，使机器能够听懂人说的话。 语音识别的应用场景：语音导航、语音控制各种硬件设备、会议记录等。	听讲并思考。

设计意图：

  经过前面几个例子的实践，学生已经对语音识别有了一定了解。这个时候教师再给出语音识别的定义、语音识别在生活中的应用场景，培养学生利用语音识别的意识。

任务	智能垃圾分类	10	提问：如何利用语音识别技术解决生活中的实际问题？说出垃圾名称，自动判断是什么垃圾。	小组讨论并完成任务作品。

设计意图：

  培养学生利用信息技术解决问题和创新设计的能力。拓展任务：供学有余力的学生进一步探究学习。

作品测试	作品测试与展示	2	随机测试学生作品，看是否能够实现智能识别干垃圾和湿垃圾。	完成作品制作与分享。

设计意图：

  创客教育倡导造物，最终的作品就是造物的结果，学生分享自己的制作过程。

拓展	延伸	4	（1）语音识别的不足；（2）原因；（3）努力方向。	思考并观看视频。

设计意图：

  使学生知其然也知其所以然。

（续上表）

教学环节	教学内容	时间/分钟	教师活动	学生活动
知识检测	检测与评价	1	课堂测验： 语音识别：英文缩写是ASR。 语音识别技术是一种让机器从语音中获取语言内容的技术，能够将语音转变为文字，使机器能够听懂人说的话。	回答问题，加强理解。完成评价，反馈评价情况。

设计意图：
　　课堂测验：检验学生是否真正理解语音识别，并为下一节课"图像识别"做好铺垫。课堂评价：采用学生自评与小组互评和教师评价相结合的评价方式。通过评价激发学生继续学习的热情，让学生获得成就感。

小结	知识梳理	1	组织学生小结知识点、本课收获或体会。	理清思路，加深印象。

设计意图：
　　通过对知识点的回顾，建构知识，使学生强化概念、理解顺序结构的适用情况。

板书设计	语音识别；模式识别

二、教学案例2："机"中生智——AI对对联①

（一）教材分析

本课选自《义务教育信息科技课程标准（2022年版）》"人工智能与智慧社会"模块，AI对对联是自然语言处理专题的内容。本课内容揭秘了人工智能对对联的详细原理，通过设计巧妙的教学活动，帮助学生深入理解人工智能对对联的过程；同时将人工智能对对联的过程概括成自然语言处理的一般流程，让学生分组探究自然语言处理技术不同应用背后的原理，以此促进学生迁移学习。

---

　　① 设计者：广东省中山市第一中学项婉老师。

（二）学情分析

九年级学生通常好奇心强，但对技术实现的原理缺乏思考；具备一定的对联知识；已经学过平面直角坐标系，具备一定的数学计算能力；能够掌握身边的人工智能应用，但对自然语言处理技术的应用缺乏了解，不能深刻认识其背后的原理。

（三）教学目标

基于以上对学情的分析，结合学科核心素养，确定本课教学目标如下：

第一，通过对对联活动，帮助学生分析人对对联的过程，进而迁移到机器对对联，让学生在迁移反思中深入理解人工智能对对联的详细原理。

第二，引导学生了解自然语言处理技术在生活中的应用，感受人工智能的魅力。

第三，使学生通过迁移学习，能够说出自然语言处理技术各种应用背后的原理。

（四）教学重难点

1. 教学重点

理解人工智能对对联的详细过程，了解自然语言处理技术在生活中的应用。

2. 教学难点

理解人工智能对对联的详细过程，能够说出自然语言处理技术各种应用背后的原理。

（五）教学策略

本课使用跨学科融合方式，将科技的理性和艺术的感性相结合，渗透课程思政教育；通过对对联活动，让学生理解人对对联的过程，进而迁移到机器对对联，使学生在迁移反思中实现基于理解的学习；通过层递式问题串，使学生在提出问题、解决问题和质疑思辨中不断提升。

（六）教学资源

学习单、导学案、问卷星、人工智能对对联系统、智能诗歌写作系统、智能创作平台、近邻词汇检索平台。

（七）教学过程

教学过程如表7-2所示。

表7-2 教学过程

环节	教师活动	学生活动
对联我来对 （3分钟）	（1）指出对联是中华民族传统文化艺术形式之一，引导学生一起对对联。 （2）给出两个较简单、有趣的对联让学生参与。 （3）同学们你们刚刚是怎么对对联的？对对联要遵循什么要求？ （4）给出一个较难的上联"朝朝朝朝朝朝汐"。发现学生无法对出后，提问：人工智能能帮助我们对对联吗？引出本课主题。	（1）参与对话，思考怎么对对联。 （2）参与对对联，感受中华民族传统文化的魅力。 （3）字数相同、平仄相拗……
设计意图： 　　从中华民族传统文化形式对对联项目引入，通过对对联活动逐渐引出本课主题（AI对对联），引导学生关注传统文化、感受对联文化的魅力，并逐步过渡到人工智能对对联内容。		
体验人工智能对对联 （5分钟）	（1）请学生打开桌面学生文件夹中"人工智能对对联系统"，体验人工智能对对联系统。 （2）请学生分析人工智能对对联的水平，填写"评价人工智能对对联问卷"。 （3）展示问卷星评价结果。得出结论：大部分的同学认为人工智能在对仗、格律方面表现较好，但是在创造性、意蕴等方面有待提高。 （4）虽然人工智能对对联的质量不完美，却可以帮我们快速对对联。	（1）体验人工智能对对联。 （2）分析人工智能对对联的水平，填写评价问卷。
设计意图： 　　主要是让学生初步体验人工智能对对联，感受人工智能在艺术创作中的魅力，为探究人工智能怎样对对联做好思维铺垫。		

（续上表）

环节	教师活动	学生活动
对比分析对对联的过程（2分钟）	（1）提出问题："机器怎么对对联?" （2）提出问题："人是怎么对对联的?" （3）和学生一起分析人对对联的过程。	思考问题并分析
介绍自然语言处理技术（2分钟）	（1）教师指出人工智能对对联运用了自然语言处理技术，请学生带着这个问题观看视频。 （2）播放视频《什么是自然语言处理技术?》。 （3）讲解自然语言和自然语言处理技术概念。	看视频，学新知
设计意图： 　　让学生带着问题观看视频，学习什么是自然语言处理技术。		
揭秘人工智能对对联的过程（22分钟）	环节1：上联解析（2分钟） （1）机器可以和我们人一样读懂对联吗? 比如输入上联"爆竹辞旧"，机器能读懂这句话吗? 那它是怎么读懂这句话的? （2）小结机器理解上联的第一步：分词、词性标注、韵脚分析。 环节2：匹配数据库（3+1=4分钟） （1）如"绿水"对"青山"，"爆竹"和"辞旧"又可以对应什么? 请你将右边的词汇拖动到左边合适的位置。 （2）请一个学生上台展示。 （3）总结操作过程为"在数据库中匹配合适的词汇"，并解释数据库的概念和数据库内容的来源。	能。一个词一个词地去理解…… （1）自主探究，完成匹配数据库的任务。 （2）上台展示。

（续上表）

环节	教师活动	学生活动
	环节3：特征分析（4+3=7分钟） （1）指出候选词汇有多个，通过对词汇进行特征分析筛选出最佳的一个。 （2）建立直角坐标系，用 x 轴代表内容，y 轴代表情感。引导学生进行小组探究，将词汇映射到坐标系中。 （3）请学生到黑板移动贴图展示过程。 （4）小结词汇的特征分析过程。 **环节4：计算欧氏距离相似度，找出最佳词汇（5+2=7分钟）** （1）讲解欧氏距离相似度。 （2）请学生计算欧氏距离相似度，第一步先写坐标，第二步再计算。 	小组探究，将词汇映射到坐标系中。在黑板上展示。 填写坐标，计算欧式距离相似度。上台展示计算结果。

（续上表）

环节	教师活动	学生活动
	1.填写坐标： 爆竹（　） 桃符（　） 磐石（　） 杨柳（　） $D=d^2=(x1-x)^2+(y1-y)^2$ 2.计算： $D_{桃符}=(　)^2+(　)^2=$ $D_{磐石}=(　)^2+(　)^2=$ $D_{杨柳}=(　)^2+(　)^2=$ （3）请学生在黑板上计算。 （4）小结人工智能对对联的过程。 环节5：归纳概括（2分钟） （1）概括人工智能对对联的详细过程。 （2）归纳出自然语言处理的一般流程。	
设计意图： 　　本环节通过巧妙地设置各种教学活动，解密人工智能对对联的详细过程，让学生在探究中实现基于理解的学习，以此突破教学重难点，达成教学目标1。		
自然语言处理在生活中的应用（9分钟）	（1）提问：自然语言处理技术除了能创作对联，还能进行哪些内容创作？ （2）现场展示手机智能问答系统，并提问：自然语言处理技术在生活中还有哪些应用？ （3）让学生分组探究不同应用背后的原理。第一、二组探究智能写诗，第三、四组探究智能创作，第五、六组探究近邻词汇检索，并用自然语言描述，填写导学案。 （4）请学生分享。	（1）绘画、写诗、作曲…… （2）翻译系统语音地图…… （3）分组探究，并分享。
设计意图： 　　分组探究不同应用背后运用的自然语言处理技术原理，在探究中实现迁移学习，以此达到教学目标二、三。		

（续上表）

环节	教师活动/学生活动
总结升华 （2分钟）	（1）师生用思维导图梳理本课所学知识。 （2）拓展延伸，教师顺势引导学生正确认识人工智能技术，并充分利用人工智能技术学习和弘扬中华优秀传统文化。

板书设计：

三、教学案例3：智能推荐[①]

（一）教材分析

本课选自《义务教育信息科技课程标准（2022年版）》"人工智能与智慧社会"模块，智能推荐是人工智能领域的重要应用，也是"身边的算法"这个模块的内容。本课融合了数据、算法和人工智能应用，揭秘了智能推荐中基于内容的推荐算法和基于协同过滤的推荐算法的详细原理，从学生身边的常见智能推荐应用入手，通过设计生动的教学活动，帮助学生深入理解个性化推荐的过程，引领学生辩证地对待智能推荐带来的利与弊，从容地应对智能推荐的新生态，落实立德树人的目标。

———————————

① 设计者：广东省中山市第一中学项婉老师。

（二）学情分析

七年级学生通常好奇心强，广泛地接触过身边的智能推荐应用，但对其背后实现的原理缺乏思考；具备一定的逻辑思维、抽象思维，已经学过平面直角坐标系，具备一定的数学计算能力。但七年级学生缺乏自我约束和管理能力，不能辩证地看待智能推荐带来的利弊，容易沉迷陷入"信息茧房"中。

（三）教学目标

基于以上对学情的分析，结合学科核心素养，确定本课教学目标如下：

第一，知道智能推荐的广泛应用。

第二，通过课堂活动，完整体验智能推荐的过程，理解基于内容的推荐算法和基于协同过滤的推荐算法的基本原理和推荐流程。

第三，能够辩证地看待智能推荐算法，增强信息意识和信息社会责任感。

（四）教学重难点

1. 教学重点

理解基于内容的推荐算法和基于协同过滤的推荐算法的基本原理和推荐流程。

2. 教学难点

区别基于内容的推荐算法和基于协同过滤的推荐算法。

（五）教学方法

1. 教法

问题驱动、活动探究、小组讨论。

2. 学法

自主思考、协作学习、交流反馈。

（六）教学资源

导学案、希沃白板5。

（七）教学过程

教学过程如表7-3所示。

表 7 - 3　教学过程

环节	教师活动	学生活动
真实问题导入（7 分钟）	(1) 为什么刷抖音刷得停不下来？ (2) 播放推荐算法视频。 (3) PK 活动：生活中，哪些软件拥有推荐功能、运用了推荐算法？ (4) 指出生活离不开具有推荐功能的应用。	(1) 参与问答。 (2) 观看视频。 (3) PK。
设计意图： 　　从学生感兴趣的推荐应用导入，再通过 PK 活动激发学生的学习兴趣，引出本课主题——个性化推荐。		
体验基于内容的推荐算法过程（10 分钟）	(1) 这些应用根据什么发现人们的兴趣？ (2) 过程体验：帮小丽完成电影标注，计算概率。 下图是小丽过去半年内的观影记录，请同学们根据电影的名称和内容，标注每部电影的类型（动画类、战争类、科幻类）。 | 观影时间	电影名称 | |---|---|
2022年11月3日	猫和老鼠：西部大冒险
2022年12月4日	阿凡达2：水之道
2023年1月5日	熊出没：重返地球
2023年2月6日	侏罗纪世界3
2023年3月9日	长津湖之水门桥
2023年4月12日	坏蛋联盟		(1) 回答问题。 (2) 完成导学案中的电影标注，并计算概率。 (3) 上台展示。 (4) 回答问题。

（续上表）

环节	教师活动	学生活动
	用户喜好表 	动画类	战争类	科幻类
用户喜好 （概率）			| 根据观影记录，计算用户喜欢的电影类型的概率。 （3）请学生上台展示，操作 Excel 表格。 （4）马上要到周末了，小丽会看哪部电影？（给出几部电影候选） （5）小结基于内容的推荐算法的过程。 （6）选择题。 （7）概括基于内容的推荐算法的特点：你之前喜欢什么就给你推荐什么。	
设计意图： 　　通过手动给电影进行标注、计算概率、推荐电影，学生可以亲身经历基于内容的推荐算法的过程，加深对此内容的理解。		
体验基于协同过滤的推荐算法过程 （15 分钟）	（1）教师指出基于内容的推荐算法存在的缺陷：只是根据用户过去的信息进行推荐，无法挖掘潜在的兴趣。提出基于协同过滤的推荐算法。 （2）讲解基于协同过滤的推荐算法的概念。 （3）过程体验： ①处理数据——将收集到的数据整理成评分表，指出人工智能中清洗数据的概念。	（1）完成相对应的活动。 （2）交流讨论。 （3）展示分享。

（续上表）

环节	教师活动	学生活动
	②对号入座——把数据投影到平面直角坐标系中。 连一连、量一量、算一算： 排序推荐：按距离大小排序并推荐相似度高的用户，预测小丽对生活类电影的评分。 	

（续上表）

环节	教师活动	学生活动
	（4）匹配流程图： （5）巩固活动： 	

设计意图：

  以活动为导向，把推荐算法的详细过程设计成一一对应的探究活动，让学生亲身经历基于协同过滤的推荐算法的过程，使学生在做中学、在玩中学。

（续上表）

环节	教师活动	学生活动
信息社会的责任感（5分钟）	（1）推荐算法有什么优点和缺点？ （2）材料分析，小组讨论： 小明是一名中学生，平时喜欢使用各种 App。对于喜欢的商品，他会购买、评论；对于喜欢的文章和视频，他会积极点赞、收藏和转发；对于新推出的软件，他会注册个人信息进行尝试。 这个学期，放假在家期间小明经常刷抖音。抖音能根据点赞、转发等操作记录快速找到他的兴趣爱好，不断给他推荐相关视频，令他爱不释手。小明经常沉迷于抖音推荐的某一领域里，无法自拔。这导致他花费了大量的时间在上面，经常没能按时完成作业，受到老师的批评，成绩也一落千丈，令他非常苦恼。 除此之外，由于各种软件强大的推荐功能，随着小明浏览的商品、文章、视频的增多，留下的个人数据也增多。突然有一天，他接到一个陌生的电话，对方能说出他的详细信息和喜好，并指出他微信账号的钱包功能存在风险，让小明按照他的指引进行操作。小明应该按照对方说的去做吗？ 讨论：推荐算法给小明带来了什么影响？如果你是小明，你会怎么做？ （3）总结推荐算法的利与弊，引导学生与人工智能良好共处。 	（1）回答问题。 （2）讨论分享。

（续上表）

环节	教师活动	学生活动
	设计意图： 　　通过材料分析，帮助学生辩证地看待智能推荐带来的利弊，增强信息意识与信息社会责任感。	
巩固与练习 （3分钟）	1. 判断题，以活动的形式实现： （1）收集数据、处理数据也是推荐算法非常重要的环节。（　　） （2）基于内容的推荐算法比基于协同过滤的推荐算法更好。（　　） （3）基于内容的推荐算法的核心思想：你之前喜欢什么，就给你推荐什么。（　　） （4）基于协同过滤的推荐算法的核心思想：和你相似的人喜欢什么，就给你推荐什么。（　　） （5）推荐算法能够快速地发现用户的兴趣，给用户推荐感兴趣的物品，不会有任何弊端。（　　） 2. 讲解题目并总结。	（1）全班完成导学案的巩固练习。 （2）随机挑选两个学生上台挑战PK。
	设计意图： 　　巩固本课所学内容，对学生学习情况进行及时评价。	

（八）教学反思

本节课是一节关于智能推荐的人工智能课，面向初中生，时长为1课时。在教学设计中，教师尝试通过问题驱动、活动探究和小组讨论等教学方法，以及自主思考、协作学习和交流反馈等学习方式，帮助学生理解基于内容的推荐算法和基于协同过滤的推荐算法的原理和流程，并引导学生辩证地看待智能推荐算法带来的利与弊，增强学生的信息意识和信息社会责任感。在教学过程中，教师尽量贴近学生的实际情境，设计一系列的活动和讨论，以增加学生的参与度和兴趣。

在教学设计中，教师首先进行了教材分析和学情分析，明确了教学目标、重点和难点，以及学生的特点和需求。这有助于教师有针对性地进行教学，确保教学内容和方法与学生的认知水平和兴趣相匹配。在教学目标方面，教师将目标设定为使学生对智能推荐的广泛应用有所了解、理解基于内容的推荐算法和基于协同过滤的推荐算法的原理和流程，以及增强学生的信息意识和信息社会责任感。这些目标相对明确，能够指导教师在教学中的内容选择和活动设计。

在教学方法和学习方式方面，教师选择了问题驱动、活动探究和小组讨论等教学方法，以及自主思考、协作学习和交流反馈等学习方式。这些方法和方式有助于激发学生的思维和提高参与度，培养他们的探究精神和合作能力。通过问题驱动的方式导入课程，教师引起了学生的兴趣，并通过 PK 活动和展示分享等形式，增加了课堂的互动和趣味性。在活动中，教师让学生亲身体验基于内容的推荐算法和基于协同过滤的推荐算法的过程，通过实际操作和讨论，帮助他们深入理解算法的原理和推荐流程。

然而，在教学设计中也存在一些可以改进的地方。首先，关于教学资源的选择，本节课只提到了以导学案和希沃白板 5（一款由 seewo 自主研发、针对信息化教学而设计的互动教学平台）作为教学资源，但并没有详细说明对其他实际案例和资源的使用。为了增加学生对智能推荐算法实际应用的理解和兴趣，可以引入更多的实际案例和资源，例如真实应用场景下的推荐算法案例分析、相关视频和图书资源等，让学生能够更好地将所学知识与实际应用联系起来。

其次，在教学过程中，可以更加注重对学生的实践操作和实际应用能力的培养。尽管教学中提到了一些体验活动和小组合作的实际操作，但还要进一步增加学生的实践机会，例如提供更多的数据处理和推荐算法的实际操作任务，让学生能够亲自动手进行实践和体验。这样可以更好地锻炼学生解决问题的能力和创新思维。

再次，关于信息社会责任的讨论部分，可以提供更多的案例和讨论材料，引导学生深入思考推荐算法对个人隐私和信息安全的影响，并引导他们提出自己的看法和解决方案。通过讨论和交流，可以增强学生的信息意识和社会责任感，使他们在信息时代能够更加理性和负责任地使用智能推荐服务。

最后，在巩固练习方面，可以设计更多种类的题型，包括应用题和案例分析题，以检验学生对基于内容的推荐算法和基于协同过滤的推荐算法的理解和应用能力。这样可以更好地巩固学生的知识和技能，并帮助他们将所学知识应用到实际问题中。

四、教学案例4：读懂你的情绪①

（一）教学目标

学生通过对比人识别情绪和机器识别情绪，能够了解机器识别人的情绪的简单原理，并能够将机器识别人的情绪的方式运用于生活中，提出一些应用人工智能识别情绪的方式解决问题的场景。

（二）教学时间

1课时。

（三）教学步骤

1. 导入环节：表情识别大挑战（10分钟）

第一，引入教学主题和目标，解释将要进行的有趣挑战。

师：大家好！今天我们要进行一项特别的挑战，那就是"表情识别大挑战"！我们将探索机器识别情绪的神奇能力。你们是否知道，机器可以通过分析我们的面部表情来判断我们的情绪呢？我们将一起体验这项技术，并思考如何将它应用到我们的生活中。

第二，分发给每位学生一张卡片或纸条，上面写着不同的情绪词，如开心、生气、惊讶、悲伤等。

师：现在，请大家从这些卡片中选择一个情绪词，然后将它贴在你的额头上，但不要看到自己的情绪词。

第三，学生在额头上贴好卡片后，可以互相看到其他同学的情绪词，但无法看到自己的。

师：现在，我要你们尽可能地模仿彼此额头上贴着的情绪，通过面部表情和动作来展示对方所选的情绪。

第四，学生开始互相模仿和猜测其他同学的表情，尽可能通过观察他人的面部表情和动作来猜测他们所选的情绪。

---

① 参考：广州市知用学校张璐老师的人工智能示范课"读懂你的情绪"。

师：现在，请你们观察其他同学的表情和动作，看看能否猜出自己所选的情绪词。记住，你们无法看到自己的情绪词，所以要更加仔细地观察他人的线索。

第五，完成一轮猜测后，教师与学生一起进行讨论和分享，了解他们在观察和猜测过程中的体验和困惑。

师：现在让我们来分享一下，你们观察他人的表情时遇到了什么困难？有什么线索是你们注意到的？请大家积极参与讨论。

第六，引出机器识别情绪的概念，解释机器是如何通过分析面部表情来判断情绪的，并介绍一些实际应用领域。

师：现在，我们已经体验了通过观察他人的表情来猜测情绪的过程。然而，你们是否想过机器也能像我们一样通过观察面部表情来判断情绪呢？实际上，机器学习可以帮助机器识别情绪，它可以通过分析面部特征来判断我们的情绪。这项技术在许多领域都有应用，如智能辅助设备、虚拟现实等。

通过这个有趣的例子，学生将亲身体验观察表情和猜测他人情绪的过程，并引出了机器识别情绪的概念。这样的导入环节将更加生动有趣，激发学生对于"机器识别情绪"主题的学习兴趣。

2. 实践与体验（15分钟）

分发给学生一些图片，要求他们用硫酸纸描出图片中人的眼睛和嘴巴的关键点，形成新的图片。

学生将这些描出的关键点形成的新图片作为数据，用于机器学习。

教师引导学生使用一些简单的机器学习工具或平台，如可视化编程工具、在线机器学习平台等，让学生输入数据并让机器学习。

学生观察机器学习后的结果，对比机器识别的结果与实际情绪，进行对照和分析。

3. 概念讲解（10分钟）

教师简要介绍机器识别情绪的基本原理，如面部特征提取、模式识别等。

教师向学生解释机器识别情绪的应用领域和意义，例如情感分析、辅助沟通等。

4. 讨论与思考（15分钟）

学生分组进行讨论：机器能够识别人的情绪，这种技术能用来解决我们身边的什么问题？

每个小组分享他们的想法和讨论结果，教师记录学生的观点。

教师引导学生深入思考和探讨，鼓励他们提出可能的问题解决方向。

5. 总结与应用（15分钟）

教师总结学生的讨论结果，概括出机器识别情绪的潜在应用领域和可能的问题解决方向。

引导学生思考如何将机器识别情绪的方式运用于他们自己的生活中，并提出一些可能的应用场景和具体做法。

学生以小组形式分享他们的应用场景和解决方案，并进行讨论和反馈。

6. 结束（5分钟）

教师总结本节课的重点内容和学习收获。

鼓励学生继续思考和探索人工智能在解决现实问题时的潜力。

提供相关资源和参考资料，鼓励学生进一步学习和探索。

【点评】这个教学设计按照"一主三环"教学范式，以体验、实验和应用为主要环节，通过学生的参与和实践，引导他们理解和应用机器识别情绪的原理，并激发他们用人工智能解决问题的创造力和思考能力。

五、项目化学习案例1：如何设计更智能的垃圾桶

下面以"如何设计更智能的垃圾桶"项目主题为例介绍低成本人工智能课程教学的实践。其中，表7-4为人工智能知识目标的项目学习低成本实现方式。

表7-4 人工智能知识目标的项目学习低成本实现方式

驱动性问题	人工智能模块	涉及知识点	低成本实现方式
如何设计更智能的垃圾桶	机器感知	传感器感知世界	摄像头（笔记本电脑自带）
	推理能力	计算思维	免费开源软件
	机器学习	物体识别	免费开源软件＋摄像头
	交互能力	语音播报	摄像头自带话筒
	社会影响	价值观	交流讨论

（一）项目情境

同学们经过调查走访，发现小区的垃圾桶大多是需要脚踩或者手动才能打开盖子投放垃圾，不够智能。为了让小区居民能更方便地投放垃圾，为垃圾分类做好准备，大家决定一起来设计一款更智能的垃圾桶。

（二）驱动性问题

如何设计更智能的垃圾桶。

（三）项目规划

项目规划如表 7 – 5 所示。

表 7 – 5　项目规划

序号	目标
1	完整体验人工智能作品制作全过程
2	简单了解人工智能作品的创作流程
3	简单了解人工智能硬件、软件使用方法
4	初步体验机器学习
5	借助图形化软件编写简单语音交互程序
6	通过对人工智能作品的讨论，形成社会责任感

（四）方案交流

各小组将完成的方案在班级中进行展示交流。师生根据交流情况，按照下面问题的指引，共同改进本小组的研究方案。

我们小组的方案的优点是＿＿＿＿＿＿＿＿。

我们小组的方案还需要补充的地方有＿＿＿＿＿＿＿＿。

我认为还有更好的方案，我们可以（怎么做）＿＿＿＿＿＿＿＿。

（五）自主探究

根据主题的指引和项目学习规划的安排，"如何设计更智能的垃圾桶"项目学习探究活动内容如表 7 – 6 所示。

表 7 – 6　"如何设计更智能的垃圾桶"项目

学习探究内容	学习探究活动	知识技能
机器感知	利用主题网站查阅资料进行操作	超声波传感器、红外传感器等的基本原理

（续上表）

学习探究内容	学习探究活动	知识技能
推理能力	利用 Mind + 平台自主学习	选择判断结构及多分支结构
机器学习	利用 Lobe 平台体验学习	大数据、训练、测试、反馈
语音交互	利用百度 AI 平台体验语音播报	语音识别、语音播报、体验简单的专家系统
程序调试和作品迭代	不断测试和改进	掌握作品系统测试和迭代的方法

（六）方案实施

1. 评价量规

在人工智能作品的设计与制作过程中，过程比结果更重要。设计评价量规能够对学生进行过程性评价，能够培养学生的评价和鉴别能力。评价量规由教师和学生一起制定。学生在开展项目任务的过程中进行自我评价，可以清晰地知道"怎样做才能达到要求""做到怎样才算好""我们小组做得怎么样"等。借助于评价量规，各个小组能够自主完成、完善每一阶段的作品。

2. 低成本的学习支架设计

项目化学习倡导以学生为中心，看重学生学习的自主性。如何从传统的以教师的教为中心转向以学生的学为中心，学习框架的设计是关键。

（1）任务分解。

将"如何设计更智能的垃圾桶"分解——任务一：通过问卷调查和访谈了解人们对垃圾桶的使用的意见和建议；任务二：智能垃圾桶设计版本 1.0；任务三：设计制作智能垃圾桶；任务四：智能垃圾桶展示与评价；任务五：智能垃圾桶的改进与完善 2.0。

（2）支持性活动。

教师通过建立校内人工智能助学平台，将人工智能的基础知识及简单的体验平台整合在一起，学生可以依托人工智能助学平台进行自主探究，也可以对系列微课进行反复的观看和学习；同伴互助及教师的个别指导相结合，让学生随时可学、随时可以得到帮助。

（3）任务单与进度调控。

"如何设计更智能的垃圾桶"提供了丰富的任务单来为学生的学习提供支持。比如，任务二中的智能垃圾桶设计方案，通过填写表格的形式引导学生设计方案要关注人工智能为生活带来的影响。任务五中有"意见采纳与实现表"，通过搜集其他小组的意见和建议，让学生意识到人工智能作品的制作过程是一个不断改进、迭代的过程。

同时，一个个任务单，也是一个个的进度监控表。教师通过任务单的提交来督促学生按照事先的项目规划，按时落实和完成项目任务，起到进度调控的作用。

（七）成果展示

在小组开展项目学习的过程中，梳理小组成员在学习活动中的观点，综合应用多种媒体创编工具（如幻灯片、海报、电子杂志等），形成可视化学习成果（如项目研究报告），并在全班进行成果分享和展示。

（八）反思评价

项目化学习重视的是学生在完成项目后对某一问题进行持续自主的探究。"如何设计更智能的垃圾桶"这一项目本身就是为学生的持续探究而设计的。经过其他小组的评判，自己小组要反思：本来已经"很智能"的垃圾桶如何能够"更智能"？如何将在该项目中学到的思维应用于其他项目，从而实现能力和素养的迁移更是反思和评价的意义所在。

六、项目化学习案例2：智能中药柜设计与实施

（一）项目简介

在中药房中，药剂师需要记忆每种中药的位置，这消耗了大量时间。为解决这一问题，我们设计了一款名为"百呼百应"的智能中药柜。它利用语音识别、图像识别和人脸识别技术，能够根据药剂师的指令自动弹出对应的中药柜，提高工作效率。此外，该智能中药柜还具备计费功能，能够自动完成药物计费并进行语音播报。

（二）驱动性问题

如何设计一个智能中药柜，使药剂师能够通过语音识别、图像识别和人脸识别技术方便地获取所需中药，并自动完成计费和播报？

（三）课程设计

1. 第一节课

主题：智能中药柜的功能介绍与问题阐述。

第一，引入项目背景和目标，讲解智能中药柜的基本功能和应用场景。

第二，提出驱动性问题：如何设计一个智能中药柜，使药剂师能够通过语音识别、图像识别和人脸识别技术方便地获取所需中药，并自动完成计费和播报？

第三，分解问题：讨论中药柜的基本构造及语音识别、图像识别和人脸识别技术的原理与应用。

2. 第二节课

主题：语音识别技术在智能中药柜中的应用。

第一，介绍语音识别技术的原理和基本概念。

第二，分解问题：如何利用语音识别技术实现药剂师的指令识别和对应中药柜的弹出动作？

第三，设计实验：通过编程模拟实现语音识别功能，控制中药柜的弹出动作。

3. 第三节课

主题：图像识别技术在智能中药柜中的应用。

第一，介绍图像识别技术的原理和基本概念。

第二，分解问题：如何利用图像识别技术实现对中药图片的识别，进而控制对应中药柜的弹出动作？

第三，设计实验：通过编程模拟实现图像识别功能，实现对中药图片的识别并控制中药柜的弹出动作。

4. 第四节课

主题：人脸识别技术在智能中药柜中的应用。

第一，介绍人脸识别技术的原理和基本概念。

第二，分解问题：如何利用人脸识别技术验证管理员的身份和控制中药柜的启用？

第三，设计实验：通过编程模拟实现人脸识别功能，验证管理员身份并控制中药柜的启用。

5. 第五节课

主题：计费功能与语音播报设计。

第一，介绍计费功能的原理和基本概念。

第二，分解问题：如何通过计费功能自动完成药物计费，并进行语音播报？

第三，设计实验：通过编程模拟实现计费功能和语音播报功能。

6. 第六节课

主题：项目综合实践和总结。

第一，将语音识别、图像识别、人脸识别和计费功能等集成到智能中药柜。

第二，学生分组进行实践操作，测试智能中药柜的功能和性能。

第三，学生展示和总结项目学习成果，并提出改进意见。

通过以上的课程设计，学生能够逐步了解智能中药柜的设计原理和相关技术，并通过实践操作，制作出一个简化版的智能中药柜。同时，他们还可以思考如何进一步改进和优化该系统，以满足更多实际需求。

第八章　初中人工智能课程评价设计

一、素养导向的评价理念

在设计初中人工智能课程时，可以通过以下方式落实素养导向的多元评价。

（一）强调评价育人和素养立意

评价应注重培养学生的综合素养和发展潜能，而不仅仅是对知识的测量。评价的目标是帮助学生全面成长，并培养其创新思维、问题解决能力、团队合作精神等核心素养。评价要从课程目标和素养要求出发，以素养导向为指导，确保评价与教学目标的一致性。

（二）综合运用过程性评价与总结性评价

过程性评价强调学生在学习过程中的表现和成长，通过观察、记录、反思等方式对学生的学习过程进行评价。总结性评价则关注学生的学习成果和综合能力，可以采用纸笔测试、项目作品展示、口头报告等方式进行。通过综合运用过程性和总结性评价，可以更全面地了解学生的学习状况和发展情况。

（三）强调实践应用考核

人工智能课程的实践应用非常重要，评价应强调学生在实际问题解决过程中的能力和成果。可以通过项目作品创作、实际应用任务等方式，对学生在人工智能领域的实践能力和创新思维进行评估。例如，学生可以设计并开发一个简单的人工智能应用程序，或参与解决真实世界中的问题，由教师来评价其在实践应用中的表现和成果。

（四）自评和他评相结合

评价中应结合自评和他评的方式，鼓励学生参与自我评价和互评。学生可以对自己的学习过程和成果进行反思和评价，发现自身的优点和不足，并提出改进计划。同时，可以组织学生之间的互评活动，通过同伴间的评价和反馈，促进学生的交流、合作和共同成长。这样的评价方式可以增强学生的自主学习能力和自我管理能力。

（五）多元化评价方法

评价方法应多样化，既包括传统的纸笔测试，也包括项目作品创作、实践演示、口头报告等方式。采用多元化的评价方法可以更全面地考查学生的学习状况，从不同角度评估他们的能力和素养。同时，要注意评价方法与课程目标的匹配，确保评价方法能够有效地反映学生的学习成果和能力。

通过以上方式，可以落实素养导向的多元评价，确保评价与人工智能课程的目标相一致，关注学生的全面发展和素养提升。这样的评价方式能够更好地服务于教育教学质量管理，提高学生的综合能力。

二、创意自我效能感的测量

为初中生设计创意自我效能感的量表时，可以考虑以下要素和设计原则：

（一）清晰的指标

量表应该明确测量创意自我效能感的不同方面。这些方面可以包括创意思维、问题解决能力、创造力、自信心等。应该用简洁明了的语言来描述每个方面，并使之能够与初中生的实际表现相关联。

（二）多维度评估

量表应该涵盖不同的评估维度，以便全面了解初中生的创意自我效能感。可以考虑采用多个条目或问题，覆盖创意思维的不同方面，如问题解决能力、创新思维、团队合作精神等。

（三）可量化的评分

量表的评分应该是可量化的，以便进行数据分析和比较。可以采用一个评分范围或等级，如从 1 分到 5 分或从低到高的等级划分。确保评分的范围和标准清晰明确。

（四）简明易懂的语言

量表的问题或条目应该以简单易懂的语言呈现，适合初中生理解和回答。避免使用过于专业化或复杂的术语，以确保初中生能够准确理解问题的含义并给出准确的回答。

（五）包含积极的陈述

量表中的问题或条目应该包含积极的陈述，以促进初中生的积极心态和自我肯定感。例如，"我相信自己有很多有创意的想法""我相信自己可以解决困难的问题"等。

（六）适当的量表长度

量表的长度应该适中，以避免给初中生带来疲劳或厌倦感。可以考虑将问题或条目的数量控制在 5 个到 10 个之间。

（七）测试的可靠性和效度

量表设计需要经过测试以确保其可靠性和效度。可以进行试测和再测，分析量表的内部一致性和稳定性；还可以与其他相关测量工具进行比较，以验证量表的效度。

在设计量表之后，教师可以使用该量表来评估初中生的创意自我效能感，并根据评估结果提供有针对性的指导和支持，促进初中生的创意发展和提升自信心。以下是一个创意自我效能感评价表示例，可供参考，如表 8-1 所示。

表 8-1　创意自我效能感评价表

1. 我相信自己有很多有创意的想法					分数
很不符合 1 分	不太符合 2 分	有点符合 3 分	相当符合 4 分	非常符合 5 分	
2. 当面临问题时，我相信自己有能力找到解决方案					
很不符合 1 分	不太符合 2 分	有点符合 3 分	相当符合 4 分	非常符合 5 分	

（续上表）

3. 我喜欢尝试新的创意和想法					分数
很不符合 1分	不太符合 2分	有点符合 3分	相当符合 4分	非常符合 5分	
4. 我相信自己可以通过努力和坚持来实现自己的创意					
很不符合 1分	不太符合 2分	有点符合 3分	相当符合 4分	非常符合 5分	
5. 当别人对我的创意表示赞赏时，我感到很自豪和满足					
很不符合 1分	不太符合 2分	有点符合 3分	相当符合 4分	非常符合 5分	
6. 我喜欢与别人一起合作，共同实现创意项目					
很不符合 1分	不太符合 2分	有点符合 3分	相当符合 4分	非常符合 5分	
7. 我有信心在不同的领域中发展自己的创意能力					
很不符合 1分	不太符合 2分	有点符合 3分	相当符合 4分	非常符合 5分	
8. 当遇到挑战时，我相信自己有足够的能力克服困难					
很不符合 1分	不太符合 2分	有点符合 3分	相当符合 4分	非常符合 5分	
9. 我喜欢采用不同的方法和途径来解决问题					
很不符合 1分	不太符合 2分	有点符合 3分	相当符合 4分	非常符合 5分	
10. 当我的创意获得认可和成功时，我感到非常满意和自豪					
很不符合 1分	不太符合 2分	有点符合 3分	相当符合 4分	非常符合 5分	
总分					

解释说明：总分越高，表示学生的创意自我效能感越强。总分为 50 分，表示学生的创意自我效能感非常强；总分为 10 分，表示学生的创意自我效能感较弱。

三、学生人工智能作品评价设计

初中人工智能课程中对学生作品的评价应该从以下方面进行：

（一）技术实现

评估学生作品的技术实现水平，包括算法的正确性、代码的编写规范性、程序的性能等方面。要求学生能够使用合适的算法和工具实现任务要求，并具有良好的代码风格和编码习惯。

（二）解决问题

评估学生解决问题的能力，要求学生能够针对任务需求进行问题分析和解决方案的设计，通过作品解决实际问题或实现功能。

（三）创新思维

评估学生的创新思维能力，要求学生能够从自身的经验和角度出发，提出新的解决方案和想法，并将其融入作品中。

（四）学习和交流

评估学生的学习和交流能力，要求学生能够积极学习课程知识，参与团队协作，交流和分享学习心得，互相学习和帮助。

综上所述，初中人工智能课程中对学生作品的评价应该是多方面的，从技术实现、解决问题、创新思维和学习交流等方面进行评估。评价过程中需要注重激发学生的创造力和思维活跃度，激励学生更加积极地学习和探索人工智能知识，增强学生的实践能力和创新意识。

四、学生访谈内容设计

初中人工智能课程中的学生访谈是了解学生对人工智能知识和技能掌握程度、思维方式、实践经验及课程反馈的有效方式。学生访谈内容应该设计得充分、系统、全面、具体和灵活。

以下是有关初中人工智能课程中学生访谈内容设计的建议：

（一）课程反馈

询问学生对本次课程的反馈和建议，了解他们对课程内容、教学方式、教材、作业和实验等方面的看法，以便对课程进行及时的优化和改进。

（二）知识掌握

询问学生对人工智能相关知识的掌握情况，了解学生对人工智能基本概念、算法、工具和应用的理解程度，以及学生在实践中的应用情况。

（三）实践经验

询问学生在人工智能实践中的经验和感悟，了解他们在实践中遇到的困难和问题，以及解决方法和总结经验。

（四）创新思维

询问学生对创新思维的理解和应用，了解他们在课程学习和实践中如何运用创新思维解决问题，并给予指导和支持。

（五）学习习惯

询问学生的学习习惯和方法，了解他们在学习过程中遇到的困难和挑战，以及克服困难和优化学习习惯的方法。

（六）个人兴趣

了解学生对人工智能的个人兴趣和追求，以便为学生提供更好的指导和支持，促进学生兴趣爱好的培养和发展。

综上所述，初中人工智能课程中的学生访谈内容应该充分体现课程教学目标和内容，并注重倾听学生声音、引导学生思想，以提升学生的自主学习和思维能力。同时，也要注意访谈过程中的灵活性和针对性，因材施教，充分发掘学生的潜力和特长。

五、课程评价模式设计

初中人工智能课程的评价应该基于多种评价模式，包括学生自我评价、教师评价和同伴评价等，以评估学生的学习成果和课程的教学质量。以下是有关初中人工智能课程评价模式设计的建议：

（一）学生自我评价

学生应该被鼓励评价自己的学习成果和学习过程中的表现。学生可以回答反思性问题并附上个人感悟，来评估自己的学习成果和反思自己的学习过程。

（二）教师评价

教师评价是对学生学习成果和表现的正式评估。教师应该从学生的参与度、作业表现、实验成果等方面来评估学生的学习成果和表现，并给出具体的建议和改进方案。

（三）同伴评价

同伴评价是指学生之间相互评价和提供反馈。同伴评价有助于学生之间互相学习和互相促进，可以通过小组讨论、团队合作等方式来实现。

（四）课程反馈

学生应该被鼓励提供对整个课程的反馈和建议。教师可以通过课堂反馈、问卷调查等方式来了解学生对课程的认知和看法，以此来评估整个课程的质量和有效性。

（五）综合评价

通过综合考虑以上几种评价模式的结果，得出一个综合评价。这样可以更准确地评估学生的学习成果和课程的教学效果。

综上所述，初中人工智能课程的评价应该注重学生的参与度和自主学习能力，充分考虑多种评价模式的优势，使评价结果更全面、准确和有意义。

第九章　初中人工智能课程内容开发

基于初中人工智能课程的课程目标及核心素养，结合《义务教育信息科技课程标准（2022年版）》中的"人工智能与智慧社会"，参考中国教育学会中小学信息技术教育专业委员会发布的《中小学人工智能课程开发标准》和中央电化教育馆的《中小学人工智能技术与工程素养框架》，本章将初中人工智能课程分为4个模块：人工智能与人类、人工智能原理与技术、人工智能方法与实现、人工智能与社会，如图9-1所示。

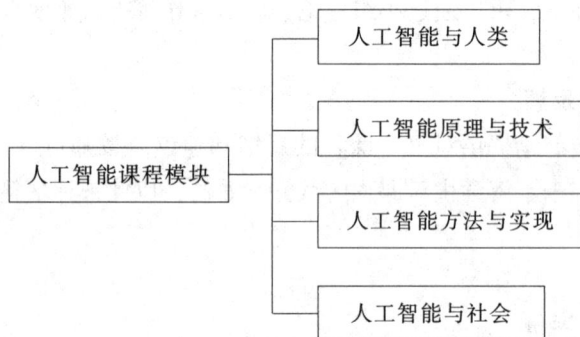

图9-1　人工智能课程模块

一、课程模块设置

（一）模块一：人工智能与人类

人工智能与人类模块的目的是探索人工智能与人类之间的关系，以及人工智能如何与人类进行交互和合作。这个模块旨在帮助初中生理解人工智能在人类生活中的角色和影响，以及人工智能对社会、经济和文化等方面的影响。同时，它也旨在培养学生对人工智能技术的批判性思维和伦理意识，以引导他们更加负责任地使用和发展人工智能。

在这个模块，学生可以探索以下内容：

1. 人工智能与人类互动

学生将了解人工智能与人类之间的交互方式，包括语音识别、图像识别、自然语言处理等。他们将学习如何与智能系统进行交流和合作。

2. 人工智能在日常生活中的应用

学生将了解人工智能在日常生活中的应用，如智能助理、智能家居、智能手机等。他们将思考人工智能如何改变我们的生活方式和习惯。

3. 人工智能与工作岗位

学生将了解人工智能对工作岗位和就业的影响。他们将探讨人工智能在自动化、职业发展和新兴行业方面的作用。

4. 人工智能的社会影响

学生将讨论人工智能引发的社会问题，如人工智能武器系统等。他们将思考如何解决这些问题并提出具体的解决方案。

5. 人工智能的未来发展

学生将了解人工智能的发展趋势和前景，包括自主机器人、智能交通、医疗保健等领域。他们将思考未来人工智能的发展如何影响社会和人类生活。

通过这个模块的学习，将培养学生对人工智能与人类关系的理解和思考能力，以及对人工智能的伦理和社会问题的敏感性。他们将成为能够负责任地应对人工智能时代挑战的未来公民，并能够积极参与塑造人工智能的发展方向。

（二）模块二：人工智能原理与技术

人工智能原理与技术模块的目的是介绍初中人工智能的基本原理和核心技术，帮助学生理解人工智能是如何工作的，以及如何应用这些技术解决问题。这个模块旨在培养学生对人工智能技术的基本理解和技能，为他们进一步学习和应用人工智能打下坚实的基础。

在这个模块，学生可以探索以下内容：

1. 人工智能的基本原理

学生将了解人工智能的基本原理，包括机器学习、神经网络、数据挖掘等。他们将学习如何使用数据和算法来训练和构建智能系统。

2. 机器学习算法

学生将学习机器学习的基本概念和算法，例如监督学习、无监督学习和强化学习。他们将了解这些算法在分类、回归、聚类等任务中的应用。

3. 神经网络

学生将学习神经网络的基本结构和工作原理，了解前馈神经网络、卷积神经网络和循环神经网络等常见类型。他们将了解神经网络在图像识别、自然语言处理等方面的应用。

4. 数据挖掘和特征提取

学生将学习如何从大量数据中提取有用的信息和模式。他们将了解数据清洗、特征选择和特征工程等数据挖掘的基本概念和方法。

5. 人工智能的应用案例

学生将了解人工智能在现实生活中的应用案例，例如智能语音助手、自动驾驶汽车、智能推荐系统等。他们将了解这些应用背后的核心技术和算法。

通过这个模块的学习，学生将获得对人工智能基本原理和核心技术的了解，为进一步深入学习和应用人工智能打下基础。他们将培养分析和处理数据的能力，学会利用机器学习算法解决问题，并开拓对人工智能应用领域的认识和兴趣。

（三）模块三：人工智能方法与实现

人工智能方法与实现模块的目的是帮助初中生学习和实践人工智能的方法和技术，培养他们的实际应用能力和解决问题的能力。这个模块旨在通过实际项目和实践经验，让学生深入了解人工智能的具体应用，并亲自动手设计、实现和评估人工智能系统。

在这个模块，学生可以探索以下内容：

1. 实际应用案例

学生将学习和分析实际的人工智能应用案例，如图像分类、自然语言处理、数据预测等。他们将了解这些案例中所涉及的具体问题和挑战。

2. 数据收集和预处理

学生将学习如何收集和准备用于训练和测试的数据。他们将了解数据预处理的基本步骤，包括数据清洗、特征提取和数据转换等。

3. 模型选择和训练

学生将学习如何选择适当的模型和算法来解决具体的问题。他们将了解模型的选择标准，并学习如何使用训练数据来训练和优化模型。

4. 实现和评估

学生将实际动手实现人工智能系统，并进行实验和评估。他们将了解如何利用编程工具和库来实现人工智能算法，并学习如何评估模型的性能和效果。

5. 创新和改进

学生将被鼓励思考如何创新和改进现有的人工智能方法和系统。他们可以提出自己的想法和解决方案，并通过实验和反馈进行改进。

通过这个模块的学习，学生将获得实际动手实践人工智能的经验，培养解决问题和创新的能力。他们将学会收集和处理数据，选择适当的模型和算法，以及实现和评估人工智能系统。这将帮助他们更深入地理解人工智能的应用，并为他们未来的学习和职业发展打下坚实基础。

（四）模块四：人工智能与社会

人工智能与社会模块的目的是帮助初中生了解人工智能在社会中的应用和影响，增进他们对人工智能技术的理解和意识，以及对其社会影响的思考能力。这个模块旨在让学生认识到人工智能如何改变我们的生活和社会，激发他们对人工智能的兴趣，并鼓励他们思考人工智能的道德、伦理和社会问题。在这个模块，学生可以探索以下内容：

1. 人工智能的定义和基本原理

学生将学习人工智能的概念、定义和基本原理，包括机器学习、模式识别和自然语言处理等基础知识。

2. 人工智能的应用领域

学生将了解人工智能在不同领域中的应用，例如医疗保健、交通、教育、娱乐等，并探讨这些应用对社会和个人的影响。

3. 人工智能的优势和挑战

学生将了解人工智能的优势，包括提高生产效率、解决复杂问题等，及其可能带来的失业、隐私和伦理等问题。

4. 人工智能的伦理和道德问题

学生将探讨人工智能引发的伦理和道德问题，例如隐私保护、算法偏见等，思考如何应对这些问题并提出解决方案。

5. 人工智能的未来发展

学生将了解人工智能的发展趋势和未来可能的应用，包括自动驾驶、机器人技术、智能助理等，思考未来社会中人工智能的地位和所面临的挑战。

通过这个模块的学习，学生将培养批判性思维、伦理意识和社会责任感，并能够更好地应对人工智能时代的挑战，成为有社会影响力的未来公民。

将以上4个模块与《义务教育信息科技课程标准（2022年版）》中的内容要求一一对应后，初中人工智能课程的模块架构如图9-2所示。

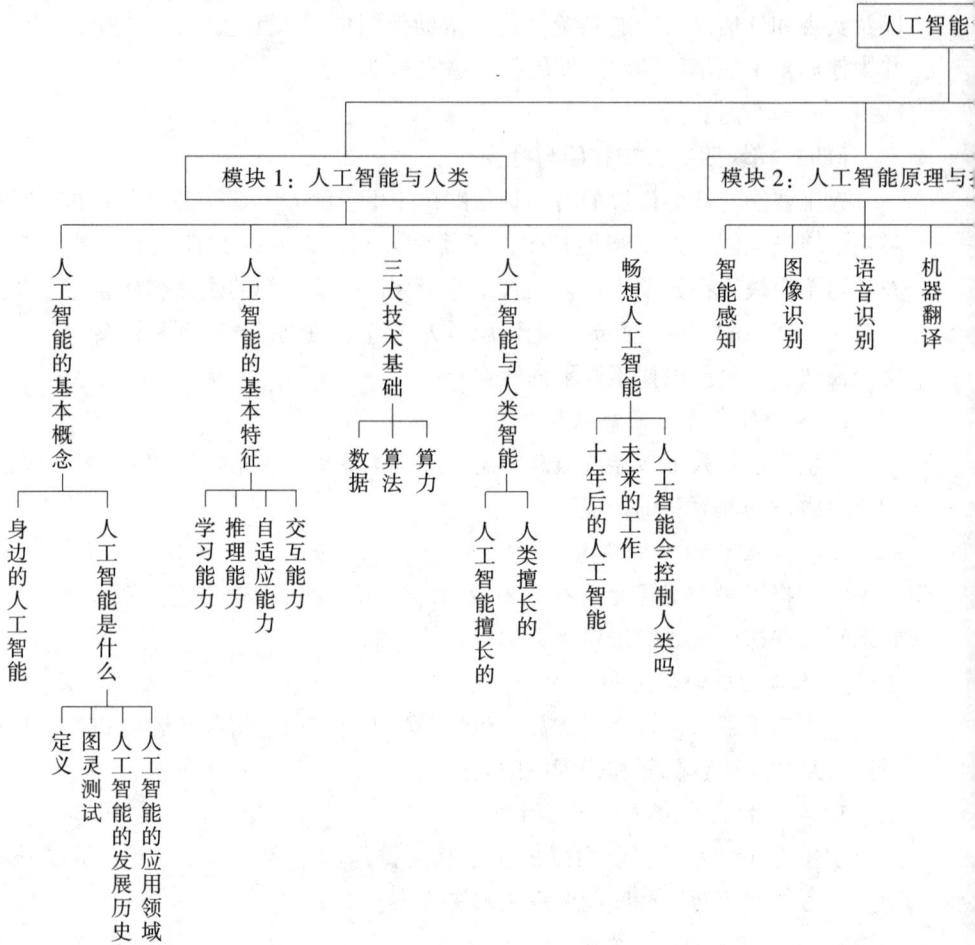

人工智能

模块1：人工智能与人类

模块2：人工智能原理与

人工智能的基本概念

人工智能的基本特征

三大技术基础

人工智能与人类智能

畅想人工智能

智能感知

图像识别

语音识别

机器翻译

算力

算法

数据

身边的人工智能

人工智能是什么

学习能力

推理能力

自适应能力

交互能力

人类擅长的

人工智能擅长的

十年后的人工智能

未来的工作

人工智能会控制人类吗

定义

图灵测试

人工智能的发展历史

人工智能的应用领域

图9-2　模块分

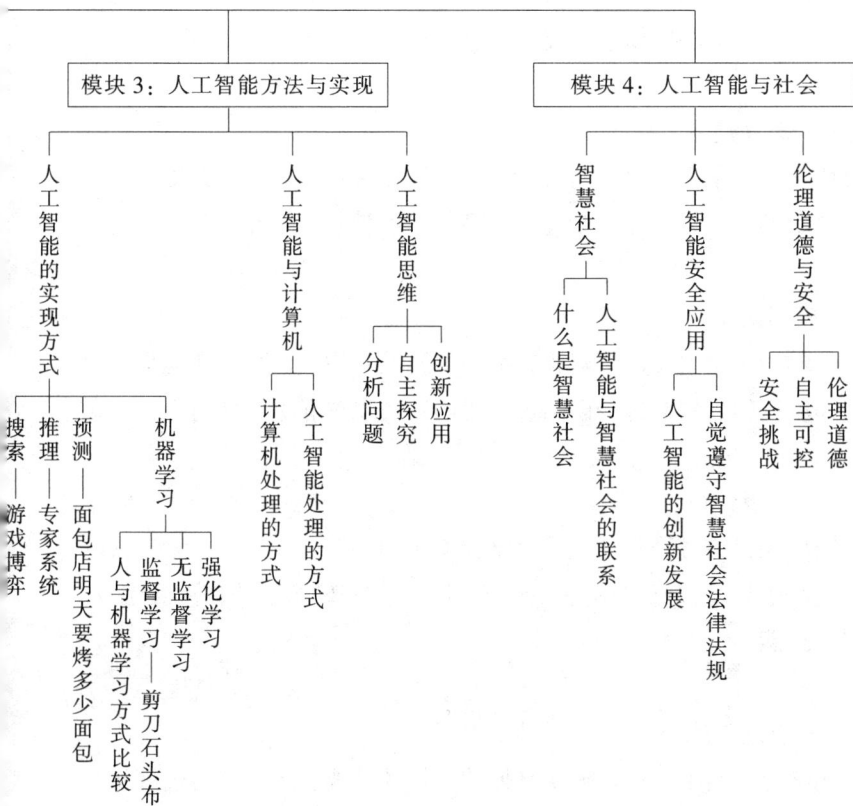

模块3：人工智能方法与实现

模块4：人工智能与社会

人工智能的实现方式
- 搜索——游戏博弈
- 推理——专家系统
- 预测——面包店明天要烤多少面包
- 机器学习
  - 强化学习
  - 无监督学习
  - 监督学习——剪刀石头布
  - 人与机器学习方式比较

人工智能与计算机
- 计算机处理的方式
- 人工智能处理的方式

人工智能思维
- 分析问题
- 自主探究
- 创新应用

智慧社会
- 什么是智慧社会
- 人工智能与智慧社会的联系

人工智能安全应用
- 人工智能的创新发展
- 自觉遵守智慧社会法律法规

伦理道德与安全
- 安全挑战
- 自主可控
- 伦理道德

容要求

二、课程项目化的优点

将课程标准的内容要求融入项目化学习中是一种很有效的教学方法，特别适合培养学生的实践能力和问题解决能力。这种做法有以下几个优点：

（一）激发学习兴趣

通过项目化学习，学生可以参与实际的项目制作过程。这种实践性的学习方式能够激发学生的学习兴趣和主动性，提高他们的学习积极性。

（二）综合应用知识

通过项目化学习，学生可以将课程标准中的不同知识点进行综合运用，理解知识的联系和应用的场景。这可以培养学生的系统思维和综合能力。

（三）培养实际操作技能

通过实际制作项目的过程，学生可以学会使用相关工具和技术，培养实际操作的技能。这对于人工智能课程尤为重要，因为人工智能领域常涉及编程、数据处理等实践技能。

（四）强化知识迁移能力

通过项目化学习，学生不仅掌握了具体的知识和技能，还能够将这些知识迁移到新的问题中，应对实际的挑战。这种能力的培养有助于学生将所学的知识应用到不同的领域，培养创新思维和问题解决能力。

（五）培养团队合作与沟通能力

在项目化学习中，学生常常需要与同伴合作，共同完成项目。这样可以培养学生的团队合作能力和沟通协作能力，提升他们的交流和合作技巧。

当然，在设计项目化学习时，需要注意以下几点：

第一，确保项目与课程标准的内容要求紧密相关，能够有效地涵盖核心知识点和技能。

第二，项目设计应具有一定的挑战性，能够激发学生思考和解决问题的能力，同时也要考虑到学生的年龄和能力水平。

第三，提供适当的指导和支持，帮助学生完成项目，确保他们能够顺利地掌握相关知识和技能。

第四，鼓励学生进行反思和总结，促进他们对所学知识的深入理解和应用。

将课程标准的内容要求融入项目化学习中是一种很好的教学方法，可以培养学生的实践能力、问题解决能力和综合运用能力。同时，也要确保项目设计合理，提供适当的指导和支持，以达到更好的教学效果。

三、课程项目化内容设计依据

在设计初中人工智能课程的项目化学习时，项目主题选择和驱动性问题的选取应基于以下几个依据：

（一）学生兴趣和实际应用

选择与学生现实生活和兴趣相关的主题，激发他们的学习兴趣。考虑到人工智能在各个领域的应用，可以选择一些与游戏、图像处理、音乐创作等相关的主题，以吸引学生的注意力。

（二）课程目标和标准

项目主题应与课程标准和学习目标紧密对应。确保项目能够涵盖课程标准中的核心知识点和技能要求。例如，当学习目标涉及编程的知识和技能时，可以要求学生设计一个与人工智能相关的游戏编程项目。

（三）年龄和能力水平

考虑学生的年龄和能力水平，选择适合他们理解和完成的项目主题，确保项目不会过于复杂，而是符合学生的认知和技能发展阶段。

（四）跨学科融合

人工智能是一个涉及多学科的领域，因此可以将人工智能与其他学科进行融合，增强学生的综合学习体验。例如，将人工智能与数学、科学、艺术等学科结合，设计相应的项目主题。

（五）社会影响和伦理考量

在选择项目主题时，需要考虑人工智能对社会和个人的影响，引导学生思考伦理和社会责任等问题。例如，可以设计一个关于人工智能在医疗诊断中的应用的项目，让学生思考数据隐私和公平性等问题。

（六）可行性和资源可及性

确保项目主题具有可行性，并能够在学校或家庭环境中进行。将可用的资源和设备，以及教师或家长的支持和指导纳入考虑范围。

考虑以上因素，选择适合初中生的人工智能项目主题，能够激发学生的学习兴趣，促进他们对人工智能知识和技能的掌握，并引导他们思考人工智能的社会影响和伦理问题。

四、课程项目化设计案例

以《义务教育信息科技课程标准（2022 年版)》作为项目化设计的标准，综合考虑了初中生的学习特点和兴趣，对初中人工智能课程内容进行设计，如表 9-1 所示。

表 9-1 人工智能课程项目化设计案例

序号	项目名称	驱动性问题	对应课程内容标准	学业要求	对应模块
1	小明的智能生活	人工智能是什么	通过认识身边的人工智能应用，体会人工智能技术正在帮助人们以更便捷的方式投入学习、生活和工作中	能识别身边的人工智能应用	人工智能与人类
2	小明的 AI 学伴	人工智能有什么特点	通过分析典型的人工智能应用场景，了解人工智能的基本特征	了解人工智能的基本特征	人工智能与人类

（续上表）

序号	项目名称	驱动性问题	对应课程内容标准	学业要求	对应模块
3	小明的旅行	人工智能与智慧社会有什么关系	感受人工智能技术的发展给人类社会带来的深刻影响	理解人工智能与现实社会的关系	人工智能与社会
4	揭秘人工智能	人工智能靠什么工作	通过分析典型的人工智能应用场景，了解人工智能依赖的数据、算法和算力三大技术基础	了解人工智能依赖的三大技术基础	人工智能与人类
5	畅想人工智能	人工智能会控制人类吗	了解人工智能带来的伦理与安全挑战，增强自我判断意识和责任感，做到与人工智能和谐共处	知道人工智能可能的发展方向和安全挑战	人工智能与人类
6	尺有所短，寸有所长	如何才能与人工智能和谐共处	通过体验人工智能的应用场景，增强自我判断意识和责任感，做到与人工智能和谐共处	知道人工智能可能的发展方向和安全挑战	人工智能与人类
7	感应门是不是智能机器	如何分辨智能与非智能机器	认识身边的人工智能应用	能列举人工智能的主要术语	人工智能原理与技术
8	火眼金睛	人工智能如何认出你	认识身边的人工智能应用	能列举人工智能的主要术语	人工智能原理与技术
9	智能家居	人工智能如何能听懂你的话	认识身边的人工智能应用	能列举人工智能的主要术语	人工智能原理与技术

（续上表）

序号	项目名称	驱动性问题	对应课程内容标准	学业要求	对应模块
10	方言转普通话	如何将方言转为普通话	认识身边的人工智能应用	能列举人工智能的主要术语	人工智能原理与技术
11	AI下国际象棋	人工智能如何决定下一步怎么走	通过对比不同的人工智能应用场景，初步了解人工智能中的搜索的实现方式	知道目前常见的人工智能实现方式	人工智能方法与实现
12	小明的AI医生	人工智能如何推理	通过对比不同的人工智能应用场景，初步了解人工智能中的推理的实现方式	知道目前常见的人工智能实现方式	人工智能方法与实现
13	明天要烤多少面包	人工智能如何预测	通过对比不同的人工智能应用场景，初步了解人工智能中的预测的实现方式	知道目前常见的人工智能实现方式	人工智能方法与实现
14	剪刀石头布	人工智能如何学习	通过对比不同的人工智能应用场景，初步了解人工智能中的机器学习的实现方式	知道目前常见的人工智能实现方式	人工智能方法与实现
15	故事大王	计算机传统方法和人工智能方法有什么不同	通过分析典型案例，对比计算机传统方法和人工智能处理同类问题的效果	知道人工智能可能的发展方向	人工智能原理与技术
16	让我又爱又恨的AI学伴	人工智能带来什么样的伦理问题	通过体验人工智能的应用场景，了解人工智能带来的伦理与安全挑战	知道人工智能的安全挑战	人工智能与社会

（续上表）

序号	项目名称	驱动性问题	对应课程内容标准	学业要求	对应模块
17	智能交通	如何能根据车流量自动控制红绿灯时长	通过体验人工智能的应用场景，了解人工智能带来的伦理与安全挑战	了解智慧社会及自主可控技术的地位	人工智能与社会
18	我的隐私我做主	智能推荐如何知道我的爱好	认识为保障智慧社会的安全发展自主可控技术的必要性	了解智慧社会及自主可控技术的地位	人工智能与社会

下面选取部分项目进行项目简要设计与点评：

（一）项目名称：小明的智能生活

1. 课程标准要求

通过认识身边的人工智能应用，体会人工智能技术正在帮助人们以更便捷的方式投入学习、生活和工作中。

2. 驱动性问题

人工智能如何帮助人们以更便捷的方式投入学习、生活和工作中？

3. 课时安排和活动设计

课时一：了解人工智能（40 分钟）。

引入人工智能的概念和基本原理，让学生了解人工智能是如何模仿和扩展人类智能的。

通过实例和案例介绍不同领域中的人工智能应用，例如语音助手、智能家居、智能交通等。

学生分组进行讨论，分享他们对人工智能的理解和期望。

课时二：探索智能学习（40 分钟）。

学生思考和分享如何利用人工智能技术改善学习体验。

学生了解智能学习平台或应用的工作原理和优势，例如在线学习平台、个性化学习推荐等。

学生通过实践或案例研究，探索人工智能在教育领域中的应用和效果，例如智能辅导系统、自适应学习等。

课时三：构建智能生活场景（40 分钟）。

学生分组合作，设计一个智能生活场景，例如智能家居、智能办公室等。学生讨论和确定该场景中可能涉及的人工智能应用和技术，例如语音识别、图像处理等。

学生利用可用的工具和资源，设计一个原型或模拟该智能生活场景，并展示给其他小组。

课时四：总结和展示（40 分钟）。

学生总结他们对人工智能的理解和感受，回答驱动性问题。学生展示他们设计的智能生活场景，分享其中的人工智能应用和技术。全班共同讨论人工智能的潜力和挑战，以及在日常生活中应该如何正确对待和使用人工智能技术。

4. 评估方法

第一，学生的参与度和积极性。

第二，学生在小组讨论和合作中的表现。

第三，学生对人工智能概念和应用的理解和呈现能力。

第四，学生设计的智能生活场景的创意性和实用性。

5. 扩展活动

第一，组织学生进行实地考察，参观具有人工智能应用的企业或研究机构。

第二，邀请相关领域的专业人士或教育者来班级讲座，分享他们在人工智能领域的经验和见解。

（二）项目名称：小明的 AI 学伴

1. 课程标准要求

通过分析典型的人工智能应用场景，了解人工智能的基本特征。

2. 驱动性问题

人工智能有什么特点？

3. 课时安排和活动设计

课时一：

（1）课程导入（5 分钟）。

介绍课程名称和目标，让学生了解将要学习的内容。

（2）什么是人工智能（10 分钟）。

以简单易懂的语言解释人工智能的概念，并提供几个实际应用场景的例子，如语音助手、自动驾驶等。

（3）人工智能的特点（15分钟）。

引导学生讨论人工智能的特点，如学习能力、自动化、模仿人类思维等。使用图示或动画等可视化工具帮助学生更好地理解这些特点。

（4）案例分析（20分钟）。

介绍一些有趣且符合初中生认知特点的人工智能应用案例，如智能玩具、智能家居等。

学生可以分小组选择一个案例进行深入研究，并在下一节课分享他们的发现。

（5）伴随式评价（10分钟）。

针对学生的学习过程和理解情况，教师可以提一些问题或布置一些小任务，以评价学生的学习进展。

课时二：

（1）复习和讨论（10分钟）。

学生分享他们在上一节课中研究的案例，并讨论各个案例的特点和应用。

（2）人工智能的局限性（15分钟）。

介绍人工智能的局限性，例如在某些情况下可能出现的错误、对数据的依赖性等。引导学生思考人工智能的发展方向和可能的解决方案。

（3）制作小明的 AI 助手（25分钟）。

学生分组合作，设计一个简单的 AI 助手，它可以是一个虚拟角色或一个简单的机器人。学生需要思考他们的 AI 助手可以做什么、特点是什么、如何模仿人类思维等。

（4）展示和总结（15分钟）。

每个小组展示他们设计的 AI 助手，讨论各个助手的特点和功能。教师总结课程内容，学生回答驱动性问题，并提出更多关于人工智能的问题。

4. 项目评价

（1）主题和问题驱动。

项目的主题是人工智能，通过驱动性问题引导学生思考和探索人工智能的特点。这样的设计有助于培养学生的问题解决能力和探索精神。

（2）课程标准要求。

项目符合课程标准要求。通过分析典型的人工智能应用场景，学生能够了解人工智能的基本特征。这样的设计有助于将学习与实际应用场景联系起来，提升学生的实际应用能力。

（3）伴随式评价。

项目要求在学习过程中嵌入伴随式评价。这有助于教师及时了解学生的学习进展和理解情况，并对学生的学习过程进行指导和反馈。这样的设计有助于提高学生的学习效果和动力。

（4）案例的趣味性和符合学生的认知特点。

设计中提到案例应该有趣且符合初中生的认知特点。这有助于激发学生的兴趣并提高他们的参与度。通过选择适合初中生认知水平和兴趣的案例，可以激发他们对人工智能的好奇心和学习兴趣。

总体而言，这个项目设计考虑到了学生的年龄特点和认知水平，以问题驱动的方式引导学生思考和学习人工智能的特点。项目中的案例有趣且符合学生的认知特点，有助于提高学生的参与度和学习效果。通过嵌入伴随式评价，教师可以及时了解学生的学习情况并给予指导和反馈。整体上，这个项目设计能够促进学生对人工智能的理解和学习兴趣的培养。

（三）项目的名称：火眼金睛

1. 课程标准要求

认识身边的人工智能应用。学生要能列举人工智能的主要术语，知道图像识别，体验图像识别，在图形化编程平台中实践图像识别。

2. 驱动性问题

人工智能是如何认出你的？

3. 课时安排和活动设计

课时一：人工智能与图像识别简介（40分钟）。

第一，介绍人工智能和图像识别的概念，解释它们在日常生活中的应用。

第二，引导学生了解人工智能中的主要术语，如机器学习、神经网络、数据集等，并解释它们与图像识别的关系。

第三，分享一些有趣的图像识别应用案例，激发学生对图像识别的兴趣和好奇心。

课时二：图像识别的原理与方法（40分钟）。

第一，介绍图像识别的基本原理，包括特征提取、模型训练和分类预测等过程。

第二，解释常用的图像识别方法，如卷积神经网络（CNN）和深度学习等，并与学生分享相关的成功案例。

第三，进行一个小组活动，让学生以简单的图像识别问题为例，讨论并提出他们自己的图像识别解决方案。

课时三：图像识别的实践体验（40分钟）。

第一，使用图形化编程平台，如 Mind +、Blockly 或 micro：bit 等，引导学生进行图像识别的实践。

第二，学生将学习如何准备和标注图像数据集，并使用训练好的模型进行图像识别的实时演示。

第三，学生将分享他们的实践经验，讨论图像识别的准确性、局限性和改进方法。

课时四：实际应用与案例研究（40分钟）。

第一，与学生分享更多的实际应用案例，如人脸识别、物体识别和图像搜索等，并讨论其在社会中的应用和影响。

第二，学生将分组进行案例研究，选择一个特定的图像识别应用领域，调研其现状、优势和挑战，并准备小组报告。

课时五：项目展示与总结（40分钟）。

第一，学生分组进行图像识别项目的展示，分享他们的研究成果和实践经验。

第二，整体回顾学生在项目中所学到的人工智能术语、图像识别原理和实践技能。

第三，引导学生总结项目学习的收获，讨论人工智能的潜力和局限性，并鼓励他们在未来进一步探索和创新。

4. 评估方法

第一，学生在课堂讨论和小组活动中的参与度和贡献度。

第二，学生的图像识别实践成果和项目展示。

第三，学生对人工智能术语和图像识别原理的理解和应用能力。

第四，学生对人工智能的潜力和局限性的思考和表达能力。

5. 注意事项

第一，在课程中注重培养学生的实践能力和团队合作精神。

第二，鼓励学生提出问题、进行讨论和思考，激发他们对人工智能的兴趣和探索欲望。

第三，根据学生的实际水平和理解能力，适当调整课程内容和难度。

第四，在实践环节中，提供充足的指导和支持，确保学生能够顺利进行图像识别的实践活动。

（四）项目名称：明天要烤多少面包

1. 课程标准

通过体验人工智能应用场景，初步了解人工智能中的预测的实现方式。

2. 驱动性问题

人工智能是如何预测的？

3. 项目情境

明天是端午假期，面包店应该烤多少面包呢？烤多了，卖不完，浪费；烤少了，不够卖，可惜。如果你是面包店老板，你会怎么样去预测明天要烤多少面包？

4. 课时安排和活动设计

课时一：面包店的预测问题（40分钟）。

第一，介绍项目背景和驱动性问题，即明天是端午假期，面包店应该烤多少面包。

第二，学生分组进行讨论，提出他们个人的预测方法和理由。

课时二：预测方法和实例分析（40分钟）。

第一，教师说明过去面包店在周末和节假日的销售记录对预测的重要性。

第二，教师展示如何使用一些基本的图形化编程软件，如 Mind + 等，来验证学生的预测方法。

第三，学生猜想如何根据历史数据进行预测，并在编程软件中实现他们的猜想。

课时三：预测原理和应用讨论（40分钟）。

第一，教师引导学生思考人工智能预测的原理，如基于历史数据的模式识别和趋势分析。

第二，学生讨论人工智能预测的实际应用场景，如天气预报、股票预测、交通流量等。

第三，学生分享他们对人工智能预测在生活中解决问题的思考，并讨论可能的应用领域。

5. 评估方法

第一，学生在小组讨论中的参与度和合作能力。

第二，学生对于人工智能预测原理的理解和应用能力。

第三，学生使用图形化编程软件验证预测方法的实施能力。

第四，学生在应用讨论中的思考和观点贡献。

本次项目化学习通过一个实际问题和驱动性问题引导学生思考人工智能的预测实现方式。通过小组讨论、图形化编程软件的应用及应用讨论等环节，学生能够积极参与课堂，提出自己的想法，并初步了解人工智能预测的原理和应用。评估方法注重对学生的参与度、理解能力，以及实际操作和思考能力的综合评估。

6. 项目点评

本次项目化学习设计有以下优点：

（1）针对实际问题。

项目以面包店的预测问题为背景，与学生的日常生活经验相关，能够引发学生的兴趣和关注。

（2）引导学生思考。

通过提出驱动性问题和组织小组讨论，鼓励学生主动思考和提出预测方法，培养他们的问题解决能力和合作能力。

（3）结合图形化编程软件。

使用图形化编程软件进行实际操作，使学生能够将预测方法落实到实践中，提升他们的计算思维和创造力。

（4）引发应用讨论。

通过讨论人工智能预测的原理和实际应用，拓展学生对人工智能的认知，并让他们思考人工智能在解决问题中的潜力和局限性。

（五）项目名称：剪刀石头布

1. 课程标准要求

通过对比不同的人工智能应用场景，初步了解人工智能中的机器学习的实现方式。

2. 驱动性问题

人工智能是如何学习的？

3. 课时安排和活动设计

课时一：机器学习的概念介绍（40分钟）。

第一，介绍机器学习的概念和应用领域，强调其在人工智能中的重要性。

第二，解释监督学习的概念和基本原理，以及其在人工智能中的实现方式。

第三，展示一些常见的监督学习应用场景和案例，如图像分类、垃圾邮件识别等。

课时二：剪刀石头布游戏设计（40 分钟）。

第一，引入剪刀石头布游戏，解释游戏规则和目标。

第二，介绍如何使用机器学习的监督学习方法来训练一个模型，使其能够预测玩家的动作。

第三，学生分组进行讨论，设计并规划他们自己的剪刀石头布游戏项目。

课时三：数据收集与模型训练（40 分钟）。

第一，学生收集剪刀石头布游戏的数据集，包括不同玩家的动作和对应的胜负结果。

第二，教师介绍如何使用 Python 编程语言和机器学习库来构建和训练一个简单的分类模型。

第三，学生使用收集到的数据集，进行特征提取和模型训练，并评估模型的准确性和性能。

课时四：游戏实践与总结（40 分钟）。

第一，学生将训练好的模型应用到自己设计的剪刀石头布游戏中。

第二，学生进行游戏实践，并评估模型在游戏中的预测准确性。

第三，学生总结项目经验，分享他们的观点和思考，讨论人工智能中监督学习的实现方式及其应用的局限性。

4. 评估方法

第一，学生在小组讨论中的参与度和合作能力。

第二，学生对于机器学习概念和监督学习实现方式的理解和应用能力。

第三，学生在数据收集、模型训练和游戏实践中的技能展示和成果评估。

第四，学生对于监督学习应用的思考和总结能力。

通过这个项目化学习，学生将初步了解人工智能中监督学习的实现方式，并通过设计和实践剪刀石头布游戏项目，应用所学知识和技能进行模型训练和预测。

5. 项目点评

优点：

（1）驱动性问题。

项目以一个引人入胜的驱动性问题作为起点，即人工智能是如何学习的。这个问题能够激发学生的好奇心和思考能力，引导他们对机器学习的探索。

学习目标的明确性：在每个课时开始时，明确列出学习目标。这样可以帮助学生更清晰地了解本节课的重点和预期的学习成果，有助于学生集中注意力并有针对性地学习相关内容。

（2）小组讨论和项目设计。

通过小组讨论和项目设计的方式，学生能够主动参与和合作，深入理解机器学习的概念和应用，并将其应用到实际的剪刀石头布游戏项目中。

（3）数据收集与模型训练。

项目涉及数据收集、特征提取和模型训练等实际操作。这有助于学生掌握基本的数据处理和机器学习技能，并且能够评估模型的准确性和性能。

不足之处及改进建议：

（1）编程语言选择。

项目中使用了 Python 编程语言进行模型训练，这可能对一些学生来说比较高级。建议在介绍 Python 之前，提供一些基础的编程概念和入门资源，或者可以考虑使用可视化编程工具或其他简化的编程语言来降低学习难度。

（2）思考和总结的引导。

在最后一个课时中，建议给予更多的引导，以促进学生对监督学习应用的思考和总结。可以提出一些问题或指导学生分享他们对监督学习实现方式和应用局限性的思考和观点。

（3）实践环节的扩展。

项目包含了游戏实践环节，教师可以考虑扩展该环节，例如设置比赛让学生互相竞争，从而令他们更好地体验机器学习模型在实际游戏中的效果。

（4）评估方法的具体性。

在评估方法中提到了学生的参与度、理解能力和应用能力，但需要更具体的评估标准和指导。建议提供更明确的评估标准，以帮助教师更准确地评估学生的学习成果。

总体而言，这个项目化学习的设计考虑了学习目标、学习活动和评估方法，能够引导学生理解机器学习的基本概念并将之应用到实际问题中。通过改进一些细节，如引导思考和提供更为具体的评估标准，可以进一步强化项目的教学效果和学习体验。

（六）项目名称：让我又爱又恨的 AI 学伴

1. 课程标准要求

通过体验人工智能的应用场景，了解人工智能带来的伦理与安全挑战。

2. 驱动性问题

人工智能会带来怎样的伦理问题？

3. 课时安排和活动设计

课时一：伦理与人工智能导入（40分钟）。

第一，引入伦理与人工智能的关系，以解释伦理问题在人工智能应用中的重要性。

第二，讨论学生对于人工智能带来的伦理问题的初步认识和疑问。

第三，分析和讨论不同领域中人工智能应用的伦理挑战，如隐私保护、数据偏见、自主决策等。

课时二：伦理案例分析（40分钟）。

第一，选择几个典型的人工智能应用场景，如人脸识别、自动驾驶等。

第二，学生分组进行讨论，研究和分析每个应用场景可能涉及的伦理问题。

第三，学生总结并分享他们的研究成果，展示对伦理问题的思考和观点。

课时三：AI的优点与缺点辩论（40分钟）。

第一，将学生分为两个小组，一组讨论人工智能的优点，另一组讨论人工智能的缺点。

第二，每个小组准备辩论材料，包括案例、论据和统计数据，以支持他们的观点。

第三，学生交替陈述观点并进行辩论，提出具体例子和理由来支持自己的观点。

第四，辩论结束后，组织学生进行总结和讨论，探讨人工智能的两面性及如何平衡其优点与缺点。

课时四：安全挑战与风险评估（40分钟）。

第一，探讨人工智能应用中的安全挑战，如数据安全、系统漏洞等。

第二，学生学习基本的风险评估方法，例如威胁模型和安全措施。

第三，学生运用所学知识，对几个人工智能应用场景进行风险评估，并采取相应的安全措施。

课时五：伦理与安全实践方案（40分钟）。

第一，针对某个具体的人工智能应用场景，学生分组设计伦理与安全实践方案。

第二，学生讨论并展示他们的实践方案，包括对伦理问题的解决和安全措施的设计。

第三，学生共同评估和改进各组的方案，提出反思和建议。

4. 评估方法

第一，学生在小组讨论中的参与度和合作能力；

第二，学生对于人工智能伦理问题的认识和理解程度；

第三，学生对于伦理案例的分析和讨论能力；

第四，学生设计的伦理与安全实践方案的合理性和创新性。

通过本次项目化学习，学生将通过体验人工智能的应用场景，深入了解人工智能带来的伦理与安全挑战。他们将通过案例分析和实践方案设计，增强对伦理问题的认知和思考能力，并为解决伦理与安全问题提出可行的方案。

5. 项目评价

（1）驱动性问题。

项目以一个引人入胜的驱动性问题作为起点，即人工智能会带来怎样的伦理问题。这个问题能够激发学生的好奇心和思考，引导他们深入探索人工智能带来的伦理挑战。

（2）课程标准要求。

项目设计符合课程标准要求。通过体验人工智能的应用场景，学生可以了解人工智能的伦理与安全挑战。这有助于将学习与实际应用联系起来，增加学生的学习兴趣和参与度。

（3）多样化的学习活动。

项目中设计了多种学习活动，如导入讨论、案例分析、辩论、风险评估和实践方案设计等。这样的多样化设计能够激发学生的兴趣和思考，增强他们的学习效果。

（4）小组合作和展示。

项目中引入了小组讨论和展示的环节，鼓励学生进行合作学习和交流分享。这样的设计有助于培养学生的团队合作能力和表达能力，同时促进他们对伦理问题的深入思考。

总结：

本次人工智能课程项目化学习考虑了驱动性问题、课程标准要求，并设计了多样化的学习活动。然而，在课时安排、学习目标的明确性、评估方法的具体性和学习活动的引导等方面还有改进的空间。通过解决这些问题，可以进一步提升项目的教学效果，促进学生对人工智能伦理问题的深入理解和思考能力的发展。

第十章　初中人工智能课程教材开发

一、教材开发的理念和原则

课程标准是编写教材的依据，除了严格遵循《义务教育信息科技课程标准（2022年版)》来进行教材开发以外，还应该遵循以下初中人工智能课程教材开发的理念和原则：

(一) 简明易懂

确保教材内容简洁明了，使用初中生容易理解的语言和概念。避免使用过于专业化的术语，尽量使用具体的例子和有趣的场景来解释人工智能的概念。

兴趣是最好的老师，特别是对于12岁左右的学生来说，兴趣可能胜过一切。用富有趣味性的案例来吸引学生，使用学生容易理解的语言来让学生维持学习的兴趣。人工智能课程本身包含的内容庞杂，核心概念更是晦涩难懂，用浅显易懂的解释方式来让学生明白人工智能背后的原理是一条应该坚持的原则。

(二) 打造互动体验

结合实际案例和互动活动，让学生积极参与学习过程。例如，可以设计一些小实验或者编程任务，让学生亲自尝试创建简单的AI应用。这里有三个理由：第一，信息科技是一门科学类课程，既然是科学，就一定要有实验，通过实验来验证猜想，才是科学应该有的模样。第二，实验或者编程会有数据，这样就构建了数据、算法、信息处理、人工智能等逻辑关联的课程结构，符合义务教育信息科技课程的理念。第三，学生在小实验或编程任务中"做中学""用中学""创中学"，符合义务教育信息科技课程的理念。

(三) 强调伦理和价值观

AI伦理和社会责任是重要的话题。确保教材中强调学习和应用AI的伦理原则，培养学生对 AI 使用的责任感，并鼓励他们思考如何利用 AI 技术造福社会。

1. 隐私和数据保护

教育学生维护隐私权和保护个人数据的重要性。解释 AI 系统如何收集、存储和使用数据，并鼓励学生对自己的数据保持警惕，了解如何保护自己的隐私。

2. 偏见和公平性

引导学生思考和讨论 AI 系统中存在的潜在偏见和公平性问题；让他们意识到 AI 系统受到数据偏差的影响，可能会导致不公平的结果；鼓励他们思考如何设计和训练 AI 系统以减少或避免这些问题。

3. 自动化对就业的影响

讨论 AI 和自动化对就业和职业的影响。引导学生思考未来工作的变化趋势，探讨掌握新技能和适应变化的重要性；同时，强调人类的创造力和情感智能等在工作中的重要性。

4. 责任和决策

强调使用 AI 技术需要负责任的决策。使学生认识到 AI 系统可以影响人们的生活和决策，并鼓励他们思考在决策过程中如何审查和验证 AI 系统的结果，以及如何权衡机器决策与人类判断的差异。

5. 社会影响和公共利益

让学生了解 AI 技术对社会的潜在影响，并鼓励他们思考如何使用 AI 技术来解决社会问题和造福人类；引导他们思考如何应用 AI 来推动可持续发展、改善医疗保健、促进环境保护等。

6. 伦理决策和道德考量

讨论伦理决策和道德考量在 AI 开发和应用中的重要性。引导学生思考与 AI 相关的伦理困境，如自动驾驶车辆的道德决策或人工智能在军事领域的应用等；鼓励他们思考并提出解决方案，以确保 AI 技术在遵循伦理原则的前提下得到应用。

通过了解这些伦理原则和价值观，学生将更加意识到 AI 技术的复杂性和潜在的影响。他们将学会对 AI 使用负责，并积极思考如何应用 AI 技术来促进社会的公正、公平和可持续发展。

（四）多学科融合

AI 是一门综合性的学科，涉及数学、计算机科学、哲学、心理学等多个领域。教材应尽量融合不同学科的概念和实践，帮助学生建立更全面的 AI 知识体系。初中生学习其他学科的时候，比如英语、科学、物理、化学、体育等，可以运用人工智能的方法去解决他们可能遇到的问题，或者提高他们学习的效率。

在英语方面，可以介绍自然语言处理（NLP）的基础概念，让学生了解 AI 如何被用于语言翻译、文本生成和语音识别等方面。可以讨论语言翻译软件、智能语音助手和机器翻译工具等实际应用，让学生理解 AI 在英语学习和交流中的应用。

在科学方面，可以讨论 AI 在科学领域的应用，如数据分析、模式识别和实验设计等，引导学生思考如何利用机器学习算法来解决科学实验中的数据处理和分析问题，或者如何应用 AI 技术来辅助科学研究。

在物理和化学方面，可以讨论 AI 在物理和化学中的应用，如模拟物理过程、预测化学反应和辅助材料研发等，引导学生思考如何利用机器学习和计算模拟方法来解决物理和化学实验中的问题，或者如何使用 AI 技术来加速新材料的开发过程。

在体育方面，可以探讨 AI 在体育领域的应用，如运动数据分析、训练优化和运动员表现预测等，让学生了解如何使用 AI 技术来分析运动数据、改进训练方法和预测比赛结果，以提高体育竞技的效果。

将人工智能方法与学生已学习的学科内容结合，使他们能够理解 AI 技术如何应用于现实生活和学习中的各个领域。这样的教材设计将帮助他们认识到人工智能的实际应用和潜力，并激发他们对跨学科思考和创新的兴趣。

（五）激发创造力

鼓励学生进行创造性思考和实践，让他们能够将 AI 技术应用到实际问题中；提供一些开放性的问题和项目，激发学生的好奇心和创造力，培养他们的问题解决能力。

1. 创造性编程项目

鼓励学生使用编程语言和 AI 工具来创建自己的项目。例如，他们可以设计一个简单的聊天机器人，让机器人能够回答问题或讲故事。这样的项目将激发他们的创造力，并培养他们的编程和逻辑思维能力。

2. 艺术与生成模型

介绍生成模型的概念，如生成对抗网络（GAN）。学生可以使用生成模型来创作艺术作品，如生成图像、音乐或诗歌。这样的项目将鼓励他们发挥想象力，同时了解到 AI 技术在艺术领域的应用。

3. 数据分析和可视化

引导学生运用数据分析工具和 AI 算法来处理和可视化数据。他们可以选择感兴趣的主题，如环境问题、社交媒体趋势或体育数据，并探索数据中的模式和趋势。通过这样的项目，学生可以培养数据思维、创造性解决问题的能力，以及展示数据故事的能力。

4. 机器学习游戏设计

鼓励学生设计一个简单的游戏，并利用机器学习算法来训练游戏中的角色智能。例如，他们可以设计一个迷宫游戏，让角色通过机器学习算法学习如何找到出口。这样的项目结合游戏设计和 AI 技术，激发学生的创造力和问题解决能力。

通过这些人工智能实践项目，学生将能够自主思考、尝试新想法，并将 AI 技术应用于自己感兴趣的领域。这将帮助他们培养创造性思维、问题解决能力和团队合作精神，同时激发他们对人工智能领域的兴趣和热情。

（六）强调团队合作

AI 的开发通常需要团队合作和协作。教材鼓励学生与同伴合作完成一些任务或项目，培养团队合作和沟通能力。

在学生与同伴合作完成人工智能任务或项目的过程中，可以尝试以下方法来培养初中生的团队合作和沟通能力：

1. AI 项目小组

将学生分成小组，每个小组负责完成一个 AI 项目。例如，他们可以合作设计一个智能游戏、开发一个语音助手应用或创建一个机器学习模型来解决实际问题。在项目中，他们互相协作、分工合作，并定期进行团队会议和讨论，以确保项目的进展。

2. 模拟 AI 团队角色

让学生在一个模拟的 AI 团队中扮演不同的角色，如项目经理、设计师、开发人员和测试员等。他们可以合作制订项目计划、设计界面、编写代码和测试系统。这样的角色扮演活动将培养他们的团队合作技巧和领导能力，强调沟通和协调的重要性。

3. 群体编程挑战

组织编程挑战赛，鼓励学生以小组的形式解决编程问题或完成编程任务。通过合作解决问题，他们将学会有效地分工合作、分享知识和相互协助。在比赛结束后，可以组织小组展示和讨论，让学生分享彼此的经验并相互学习。

4. 跨学科合作项目

组织跨学科的项目，让学生结合不同学科的知识和技能来解决实际问题。例如，他们可以合作设计一个智能城市系统，需要考虑交通规划、环境保护和社会公平等方面的因素。在这样的项目中，他们将学会跨学科合作、理解不同领域的视角，并通过有效的沟通与协商达成共识。

通过这些合作项目和活动，学生将与同伴共同面对挑战、解决问题，并有效地沟通和协作。这将培养他们的团队合作能力、领导才能和集体智慧，并为他们未来面对更大规模的团队项目奠定基础。

（七）持续学习和跟踪

AI 技术发展迅速，持续学习和跟踪最新的进展是必要的。应提供一些资源和引导，帮助学生继续学习和探索 AI 领域。

最重要的是，要确保教材内容充满乐趣和启发性，让学生在学习 AI 的过程中感到兴奋和愉悦。

二、教材展示

下面以第一单元"初识人工智能"为例进行展示：

第一单元　初识人工智能

在本单元中，我们将揭开人工智能的神秘面纱，解答同学们关于人工智能的一些疑问，并带着大家一起去体验智能化生活的精彩，还将学习如何训练机器识别简单的中文，让同学们亲身感受人工智能的神奇魅力。

学习人工智能需要大家多思考人工智能给我们的学习和生活带来了哪些便利，多去体验身边的人工智能应用。只要你勤于思考、乐于实践，终有一天，你也能编写出有用而有趣的人工智能应用程序。期待见到你们的无限创意！

第1课　人工智能基础

学习任务

＊了解人工智能的概念

＊了解人工智能在生活中的应用

＊了解人工智能的发展阶段

＊了解人工智能的挑战和风险

智能时代已经到来，我们要为人工智能时代做好生活、就业和能力的准备。那么，什么是人工智能呢？人工智能是如何出现的？人工智能是否会超越人类？人工智能又将对我们的学习和生活带来哪些影响？这些无疑是我们关注的话题。

（一）　人工智能是什么

人工智能是研究、开发用于模拟、延伸和扩展人的智能的理论、方法、技术及应用系统的一门技术科学。人工智能是计算机科学的一个分支。它试图了解智能的实质，并生产出一种新的能以与人类智能相似的方式作出反应的智能机器，如图 10－1 所示。

图 10－1　人工智能

人工智能的核心就是智力的自动化。像机械是我们体力的延长一样，人工智能是我们脑力的延长，使得我们能够处理以前无法处理的复杂事情。

（二）身边的人工智能

1. 人脸识别进高铁站

我们无需人工核验，只需要进入自动闸机，通过人脸识别就可以进站，如图 10-2 所示。传统验票方式需要 8~10 秒，而自助机器只需 3 秒左右。

图 10-2　高铁刷脸进站

2. 聊天机器人

小 i 机器人是一款智能语音识别的机器人，可以提供基于文本、语音等多种方式的智能人机交互体验，如图 10-3 所示。

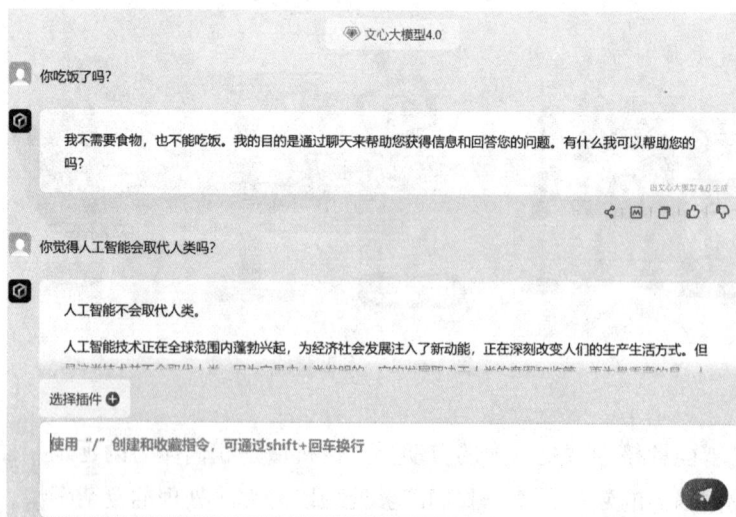

图 10-3　聊天机器人

3. 扫地机器人

扫地机器人具有智能感应装置，不仅可以自主工作，而且可以绘制地图，让用户更直观地看到清洁过程。它不用人工干预即可完成所有清洁工作，让很多用户享受解放双手的快乐，如图10-4所示。

图10-4　扫地机器人

4. 刷脸支付

扫码支付已经成为超市和菜市场购物的主流支付方式。我们只需要带手机就可以扫二维码进行支付，非常方便。而刷脸支付也已经悄悄地走进我们的生活。刷脸支付，即连手机也不用带就可以出门购物了，如图10-5所示。

图10-5　刷脸支付

(三) 人工智能的发展历程

1. 人工智能的提出

1956年夏天，在美国东北部的达特茅斯学院召开了一场具有传奇色彩的学术会议，会上首次正式出现了"人工智能"这个术语。在那里，人们首次决定将像人类那样思考的机器称为"人工智能"。这个术语的提出标志着人工智能作为一门新兴学科正式诞生，如图10-6所示。

图10-6   达特茅斯会议

2. 人工智能的发展

回顾过去，人工智能经历了以下几个发展阶段：

第一阶段（1956—1980年），计算机在使用推理和搜索来解决特定问题方面取得了较大进展。但它只能解决所谓的"玩具问题"，对于复杂的现实问题却束手无策。

第二阶段（1981—2000年），导入知识使计算机变得更聪明，出现了专家系统、自然语言理解系统等实用性产品。

第三阶段（2000年以后），随着搜索引擎的诞生，运用海量数据的机器学习悄无声息地迅速崛起，由此带来了人工智能的突破性发展，如图10-7所示。

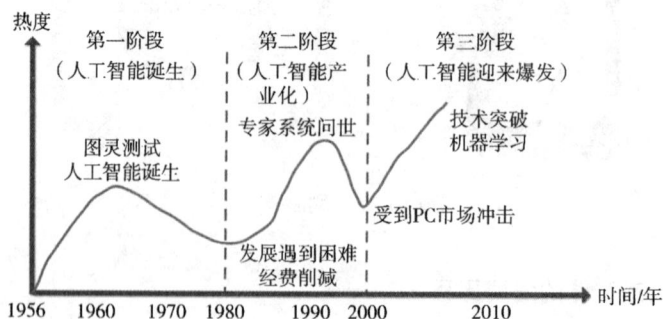

图10-7   人工智能产业发展历程

（四）人工智能的思考

人工智能技术的发展给我们的日常生活提供了很多便利，同时也带来了新的挑战。

1. 大量的工作将会被机器人取代

随着人工智能的发展，智能机器人将开始和人类竞争工作。机器人医生、机器人会计、机器人售货员等已经出现在我们身边，势必会对从事相关工种的人类造成极大的失业风险，如图10-8所示。

图10-8　智能机器人和人抢工作

2. 人工智能的安全问题

2016年，无人驾驶汽车发生致命车祸，一时引起人们对于无人驾驶技术的恐惧和担忧，如图10-9所示。我们憧憬诸如自动驾驶这类人工智能技术为我们带来便捷的同时，也需要了解不成熟的智能技术会带来的安全隐患。

图10-9　谷歌无人驾驶汽车

3. 人脸识别背后的安全隐患

现在已经是一个刷脸的时代，无论是开设银行账户、手机解锁、网络支付，还是打开小区门禁和自家房门，都将采用刷脸模式。一旦犯罪分子使用高仿人脸 3D 模型（如图 10 – 10 所示），或者间谍电影中的人皮面具，那么将很可能轻松骗过现在的人脸识别系统。2021 年"3·15"晚会曝光了人脸识别技术的漏洞——一些不法分子仿冒他人面部信息，骗过人脸识别，从而成功登录他人的账户。

图 10 – 10　高仿人脸 3D 模型

练一练

①你还知道生活中的哪些人工智能？请与同学们分享。

②你认为人工智能会取代人类吗？

评一评

对自己在本课中的学习情况进行评价，对照下列评价表，在相应的○中打"√"，在"其他收获"栏内留言。

序号	学习任务	掌握程度	
1	了解人工智能的概念	了解○	不了解○
2	了解人工智能在生活中的应用	了解○	不了解○
3	了解人工智能的发展阶段	了解○	不了解○
4	了解人工智能的挑战和风险	了解○	不了解○

其他收获：＿＿＿＿＿＿＿＿＿＿＿＿＿＿＿＿＿＿＿＿＿＿＿＿＿

＿＿＿＿＿＿＿＿＿＿＿＿＿＿＿＿＿＿＿＿＿＿＿＿＿＿＿＿＿＿＿＿＿

第2课　体验车牌识别

学习任务

* 了解车牌识别的简单流程

* 学会在 Kittenblock 中添加人工智能扩展应用

* 学会编写程序体验车牌识别

* 了解车牌识别在生活中的应用

车牌识别是现代智能交通系统中的重要组成部分之一，应用十分广泛。它以数字图像处理、模式识别、计算机视觉等技术为基础，对摄像机所拍摄的车辆图像或者视频序列进行分析，得到每一辆汽车唯一的车牌号码，从而完成识别过程。

（一）生活中的车牌识别

停车场及小区出入口管理单靠人工去记来往车辆的车牌号码和停靠时间是非常困难的，不但会出现错误，还要投入大量人力。而刷卡停车场系统需要停车取卡进出也很耗费时间，而且可能会出现车主忘带卡的现象。将一个小小的车牌识别设备安装在停车场的出入口就能"一劳永逸"地解决很多问题，如图 10-11 所示。

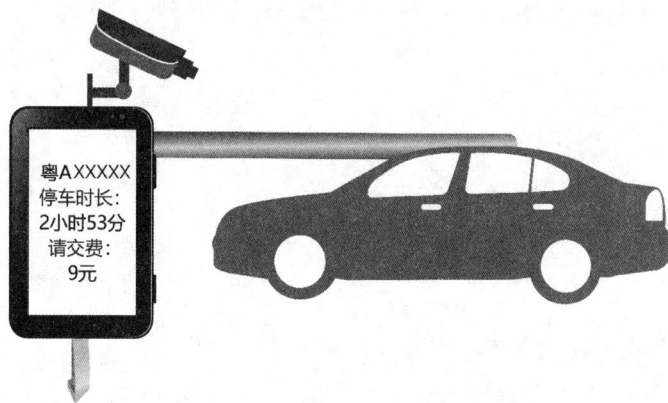

图 10-11　小区停车场车牌自动识别

（二）车牌识别的流程

车牌识别的流程就是依次实现汽车图像的车牌定位、车牌字符分割、车牌字符识别算法的过程，如图 10 - 12 所示。

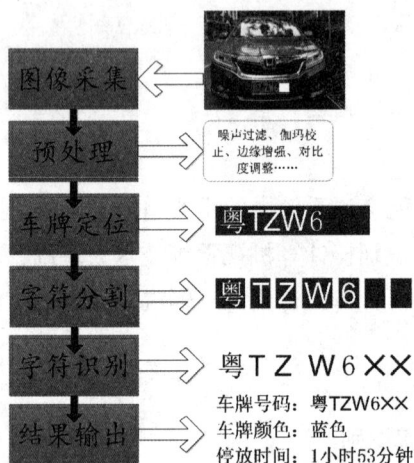

图 10 - 12　车牌识别的流程

注：为保护车主隐私，已经对车牌图片做了处理。

（三）编写程序识别车牌

1. 添加扩展插件

打开 Kittenblock 软件，单击左下角的 ⚄，添加扩展，如图 10 - 13 所示。

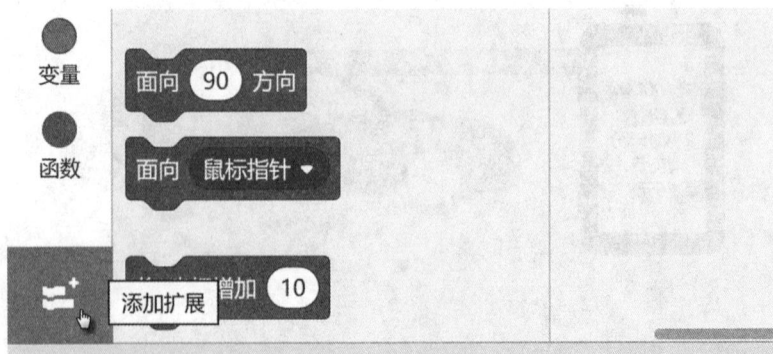

图 10 - 13　添加扩展

2. 选择"视频侦测"与"Face AI"

在弹出的扩展窗口中依次选择"视频侦测"和"Face AI",如图 10 – 14 所示。

图 10 – 14 选择扩展插件

3. 建立车牌号列表

为了便于识别车牌,我们需要建立一个列表,将车牌号都放在列表中,如图 10 – 15 所示。

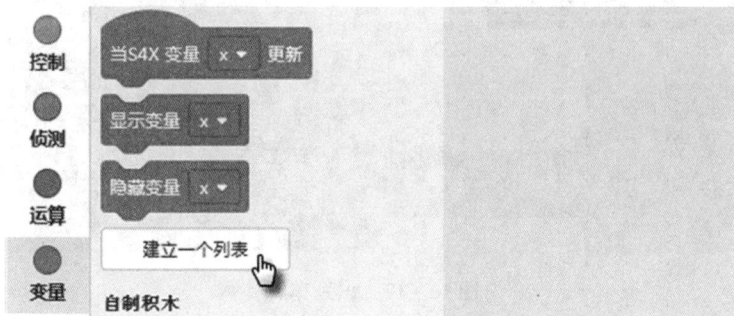

图 10 – 15 建立列表

4. 识别车牌

将车牌号放入识别车牌号的积木块,将"txt"切换为"car",如图 10 – 16 所示。

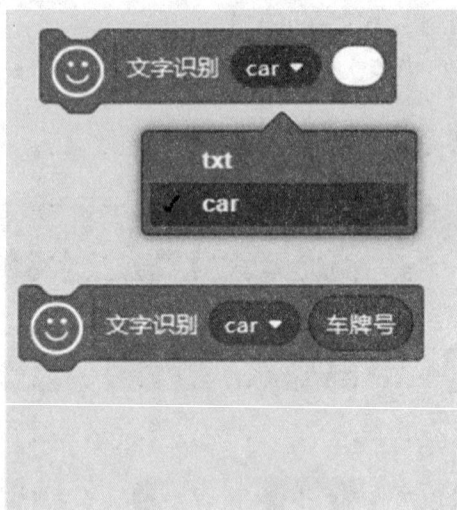

图 10 – 16　识别车牌号积木

5. 开启视频镜像

开启视频镜像，不然识别出来的文字会出现左右反向的情况。单击积木块，运行程序，如图 10 – 17 所示。

图 10 – 17　识别车牌

6. 保存文件

最后，请保存文件。

（四）车牌识别程序的应用

有了基本的识别车牌的程序，接下来我们可以发挥想象，运用它来编写实际应用的程序。比如，我们可以编写程序来判别车辆是否缴费，如图 10 – 18 所示。

图 10 – 18　判别车辆是否缴费

练一练

你能想到生活中还有哪些地方可以用到车牌识别吗？请与同学们分享你的想法并尝试实现它。

评一评

对自己在本课中的学习情况进行评价，对照下列评价表，在相应的○中打"√"，在"其他收获"栏内留言。

序号	学习任务	掌握程度	
1	了解车牌识别的简单流程	了解○	不了解○
2	学会在 Kittenblock 中添加人工智能扩展应用	会○	不会○
3	学会编写程序体验车牌识别	会○	不会○
4	了解车牌识别在生活中的应用	了解○	不了解○

其他收获：＿＿＿＿＿＿＿＿＿＿＿＿＿＿＿＿＿＿＿＿＿＿＿＿＿＿＿＿＿

＿＿＿＿＿＿＿＿＿＿＿＿＿＿＿＿＿＿＿＿＿＿＿＿＿＿＿＿＿＿＿＿＿＿＿＿

第3课 体验语音识别

学习任务
* 了解语音识别的简单原理
* 了解语音识别的应用
* 会编写程序体验语音识别
* 了解专家系统

与机器进行语音交流，让机器明白人类说什么，这是人们长期以来梦寐以求的事情。人们形象地把语音识别比作"机器的听觉系统"。

（一）语音识别简介

语音识别技术就是让机器通过识别和理解过程把语音信号转变为相应的文本或命令的高技术，其目标是将人类语音中的词汇内容转换为计算机可读的输入，例如按键、二进制编码或者字符序列。语音识别技术主要包括特征提取技术、模式匹配准则及模型训练技术三个方面，如图 10 - 19 所示。

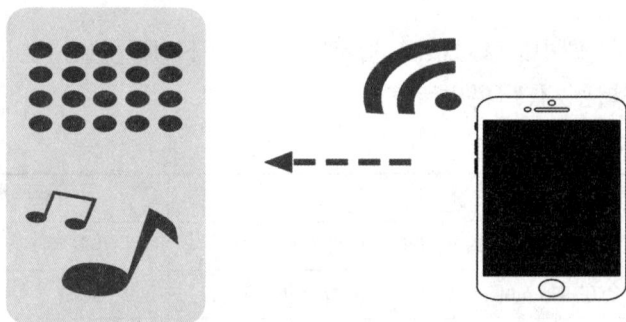

图 10 - 19　语音识别技术

（二）语音识别的应用

1. 会议记录

将会议和访谈的音频转换成文字存稿，让后期的信息检索和整理更方便快捷。

2. 字幕生成

将视频中的音频文件进行语音转写，轻松生成与视频相对应的字幕文件。

3. 语音鉴别

可以从转写出的文字结果中搜索匹配相关词类，对黄暴或涉政内容进行高效鉴别。

（三）体验语音识别

1. 加载语音识别插件

打开 Kittenblock，单击"添加扩展"，加载语音识别插件，如图 10 – 20 所示。

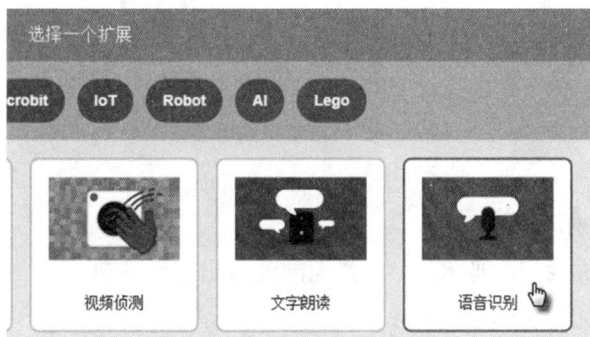

图 10 – 20　加载语音识别插件

2. 语音识别积木块

使用语音识别模块，我们一般会勾选"语音输入"前面的选框，原因是"语音识别"模块会受到环境噪声或者说话者的口音的影响。为了让计算机获取语音识别的结果，我们勾选"语言识别结果"前的方框，可以及时直观地看到识别出的内容，如图 10 – 21 所示。

图 10 – 21　勾选"语音识别结果"

3. 测试语音识别

将"语言识别听候输入"模块拖放至程序区，双击该模块，舞台区右下角就会出现一个红色的麦克风图标，并且麦克风图标一直在闪动，表示系统正在等待你输入语音信息，如图 10 – 22 所示。

图 10 – 22　语音识别听候输入

4. 语音识别

任务：当你说出"吃鱼"，小猫面前就会出现一条鱼。

参考程序如图 10 – 23 所示。

图 10 – 23　语音识别"吃鱼"

(四) 体验专家系统

1. 专家系统是什么

专家系统是一个具有大量专门知识与经验的程序系统。它应用人工智能技术和计算机技术，根据某领域一个或多个专家提供的知识和经验，进行推理和判断，模拟人类专家的决策过程，以便解决那些需要人类专家处理的复杂问题。简而言之，专家系统是一种模拟人类专家解决领域问题的计算机程序系统。

2. 加载插件

单击"加载插件"，加载文字朗读和语音识别两个插件，如图 10 – 24 所示。

图 10 – 24　加载两个插件

3. 专家系统设计思路

当你按下某个按键时，电脑对你进行诊病问候（人工智能—文字朗读）。当你回答后，语音识别后转为文本（人工智能—语音识别）。文本与知识题库进行匹配对比（专家系统核心）。系统针对病情进行回答（人工智能—文字朗读）。

4. 编程体验简易专家系统

简易的模拟疾病诊疗系统会询问患者几个问题，根据患者的回答来判断是什么疾病、应该如何治疗。参考程序如图 10 – 25 所示。

图 10 – 25　简易的模拟疾病诊疗系统

练一练

你能想到生活中还有哪些地方可以用到语音识别吗？请与同学们分享你的想法并试着实现它。

评一评

对自己在本课中的学习情况进行评价，对照下列评价表，在相应的○中打"√"，在"其他收获"栏内留言。

序号	学习任务	掌握程度	
1	了解语音识别的简单原理	了解○	不了解○
2	了解语音识别的应用	了解○	不了解○
3	会编写程序体验语音识别	会○	不会○
4	了解专家系统	了解○	不了解○

其他收获：＿＿＿＿＿＿＿＿＿＿＿＿＿＿＿＿＿＿＿＿＿＿＿＿＿＿

_____

第4课　体验人脸识别

学习任务

＊了解人脸识别技术

＊会在线体验人脸识别技术

＊会编程体验人脸识别

＊会编程让计算机记住你的脸

（一）人类如何认出某人

平时，我们遇见熟人，一眼就能认出他（她）是某某，那我们是如何认出他（她）的呢？眼睛、鼻子、嘴巴、耳朵、肤色……如图10-26所示。

眼睛、鼻子、嘴巴、耳朵还是肤色？

图 10 – 26 如何认出他（她）

（二）人脸识别

人脸识别作为人工智能的一个重要分支，目前发展最为迅速。人脸识别技术是基于人的面部特征信息进行身份识别的一种生物识别技术，用摄像头采集含有人脸的图像或视频流，提取体征码并与库中体征码进行比对，确定身份。"人脸识别是让摄像头像人眼一样，能够认识人、认准人。"在人工智能时代，机器人具备人的思维和判断能力，能够因人而异提供差异化的服务，而这一切的前提是让机器能够认识人，因为机器首先需要识别用户。

（三）体验 AI 人脸识别技术

打开百度 AI，输入含有人脸的照片，体验 AI 人脸识别技术，如图 10 – 27所示。

图 10 – 27 体验 AI 人脸识别技术

（四）编程体验人脸识别

1. 加载插件

在 Kittenblock 中添加视频侦测，如图 10 - 28 所示。

图 10 - 28　加载插件

2. 体验人脸检测年龄

在 Kittenblock 中编写程序，通过摄像头检测人的年龄，如图 10 - 29 所示。

图 10 - 29　检测年龄

（五）让计算机记住你的脸

1. 机器识别人脸的简易原理

对于人类来说，辨认一张人脸是非常简单的，甚至婴儿也能轻易分辨出父母。但对于机器来说，辨认一张人脸却需要人类的辅助，并通过不断的学习来实现。

对于人类来说，辨认一张人脸，首先要看到这张脸，然后知道这个人的名字，以后看到这张脸要叫得出这个名字。

2. 将人脸添加到库中

将人脸添加到库中，比如信息技术组中，目的是让计算机记住这张脸。当这张脸再次出现的时候，服务器马上就能识别出它。下面我们让服务器记住某人的名字，当某人再次出现的时候，计算机能立刻叫出这个人的名字，如图10-30所示。

图10-30 创建人脸组

3. 创建检测程序（图10-31）

图10-31 检测程序

练一练

你能想到生活中还有哪些地方可以用到人脸识别吗？请与同学们分享你的想法并试着实现它。

评一评

对自己在本课中的学习情况进行评价，对照下列评价表，在相应的○中打"√"，在"其他收获"栏内留言。

序号	学习任务	掌握程度	
1	了解人脸识别技术	了解〇	不了解〇
2	会在线体验人脸识别技术	会〇	不会〇
3	会编程体验人脸识别	会〇	不会〇
4	会编程让计算机记住你的脸	会〇	不会〇

其他收获：_____

_____

第5课　机器学习

学习任务

了解机器学习

*认识机器学习建立模型的步骤

*会描述"剪刀石头布"机器学习的算法

*会利用图形化软件检验机器学习的效果

【范例】（如图10-32）

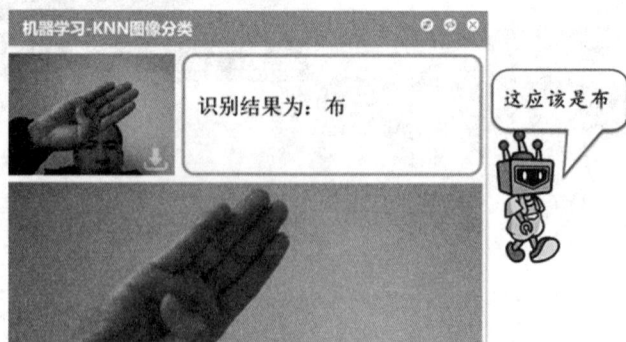

图10-32　机器学习测试模型

（一）机器能分辨"剪刀石头布"手势吗

同学们，大家小时候都玩过"剪刀石头布"的游戏吧？在游戏中，我们通过观察对方的手势来判断是剪刀、石头还是布，从而决定胜负。那么，大家有没有想过，如果我们想让机器来玩这个游戏，它该如何分辨这些手势呢？如图 10 – 33。

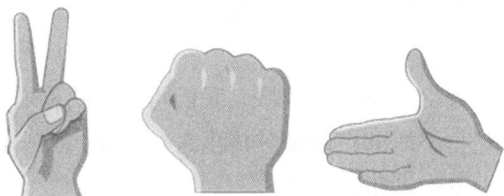

图 10 – 33　三种手势

（二）初识机器学习

机器并没有我们的眼睛和大脑，它无法直接看到并理解手势。但是，通过一种叫作"机器学习"的技术，如图 10 – 34，我们可以教会机器识别剪刀、石头、布的手势。这就像我们教小孩子认识事物一样，需要给他们展示很多例子，并告诉他们每个例子的含义。今天，我们就来一起探索这个有趣的领域，看看如何让机器学会识别"剪刀石头布"的手势。通过这个学习过程，大家不仅能了解到机器学习的魅力，还能培养自己的探究精神和解决问题的能力。

图 10 – 34　机器学习

【长见识】机器学习（Machine Learning）本质上就是让计算机自己在数据中学习规律，并根据所得到的规律对未来数据进行预测。

（三）机器分辨"剪刀石头布"手势的算法

1. 问题分析

当我们玩剪刀石头布游戏时，我们的大脑能够很轻松地分辨出对方出的是剪刀、石头还是布。这是因为我们的大脑通过很多次的观察和学习，已经知道了这三种手势的特点。

但是，机器并没有像我们一样的大脑和经验。所以，如果我们想让机器也能够分辨这些手势，就需要教它如何去学习和认识。这个过程就和我们教一个小孩子认识新事物的过程一样。

那么，具体应该怎么做呢？

首先，我们需要给机器提供很多剪刀、石头、布手势的图片，让它有足够的数据去学习。这就好比是我们给小孩子看很多实物，让他们记住这些实物的样子。

接着，机器会用一种特殊的方法去学习这些图片的特征，并尝试自己总结出每种手势的特点。这就像是小孩子在观察事物时，逐渐学会区分不同的特点和规律。

然后，我们要检查机器学习的效果。我们可以给机器看一些它之前没见过的手势图片，看看它是否能够正确地分辨出来。如果机器分辨错了，我们就可以帮助它纠正，让它下次做得更好。

最后，当机器已经能够很好地分辨这些手势时，我们就可以把它应用到实际的游戏中了。这样，机器就可以和我们一起玩"剪刀石头布"游戏，并准确地分辨出我们的手势了。

2. 用自然语言描述算法

通过以上的分析，我们可以总结出四个步骤，来帮助机器学会分辨"剪刀石头布"手势：

步骤一：输入数据，给机器提供大量的手势图片，让它有足够的数据去学习。

步骤二：训练模型，让机器用特殊的方法去学习这些图片的特征，并尝试自己总结出每种手势的特点。

步骤三：检验模型，检查机器学习的效果，看看它是否能够正确地分辨出手势。如果能够正确分辨出手势，转到步骤四；否则，转到步骤一。

步骤四：应用模型，将机器应用到实际的游戏中，让它能够准确地分辨出我们的手势。

3. 用流程图描述算法

用流程图描述的机器分辨"剪刀石头布"手势的算法如图 10 - 35 所示。

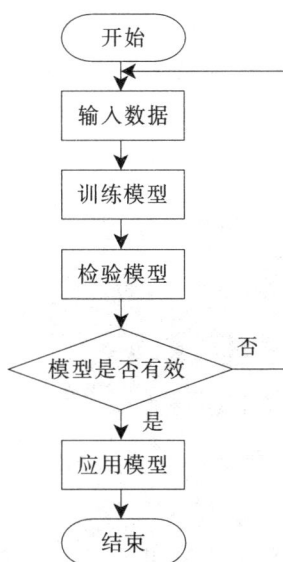

图 10-35　机器学习算法流程图

（四）用程序验证机器学习算法

1. 问题描述

利用电脑摄像头进行"剪刀石头布"手势的数据采集，再利用"机器学习"模块训练"剪刀石头布"手势，最后检验训练好的模型。

2. 加载扩展功能

要用到机器学习，所以要加载"机器学习"模块，如图 10-36 所示。

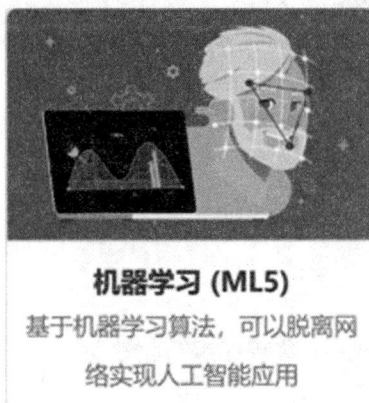

图 10-36　加载"机器学习"模块

3. 程序初始化

程序初始化准备工作包括打开摄像头、初始化 KNN 分类器，如图 10 – 37 所示。

图 10 – 37　程序初始化

【长见识】KNN，即 K-Nearest Neighbors，是一种基本且常用的机器学习分类算法。它的核心思想是通过计算输入实例与所有训练实例之间的距离，找到与该实例距离最近的 K 个训练实例，并以这些最近邻的实例的类别作为该输入实例的预测类别。

4. 采集数据

分别设置剪刀、石头、布的标签，并进行数据采集，如图 10 – 38 所示。

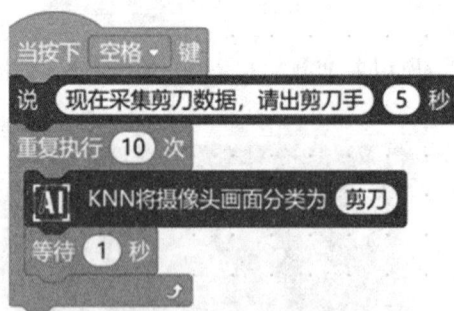

图 10 – 38　采集剪刀数据

【勤实践】

请你将其余两种手势的采集程序编写完整。

5. 训练和检验模型

在数据采集完毕后，就可以利用机器学习来训练模型，训练完成之后，就可以检验模型。参考程序如图 10 – 39 所示。

图 10 - 39 训练和检验模型

(五) 反思与改进

讨论你们小组的识别效果是否还有改进的空间，制定改进方案，对模型进行迭代，以达到更好的识别效果。

我们小组的模型还存在的问题是：_____。

我们的改进方案是：_____。

练一练

试着让机器学习对其他内容进行分类，并编写程序检验机器学习的效果。

评一评

对自己在本课中的学习情况进行评价，对照下列评价表，在相应的○中打"√"，在"其他收获"栏内留言。

序号	学习任务	掌握程度	
1	了解机器学习	了解○	不了解○
2	认识机器学习建立模型的步骤	认识○	不认识○
3	会描述"剪刀石头布"机器学习的算法	会○	不会○
4	会利用图形化软件检验机器学习的效果	会○	不会○

其他收获：_____

_____

第十一章　初中人工智能课程实践

一、课程实践背景

在数字时代，人工智能已经成为一门重要的技术和学科，深刻影响着社会、经济和文化的方方面面。随着科技的迅速发展和普及，人工智能正逐渐渗透到人们的生活和工作中，对未来的职业发展和社会参与具有重要意义。因此，培养年轻一代对人工智能的理解、应用和创新能力显得尤为重要。

针对初中生的人工智能课程旨在帮助学生在数字时代掌握与人工智能相关的知识、技能和思维方式，培养他们的数字素养、创新思维和问题解决能力。该课程侧重于让学生从基础概念入手，逐步引导他们理解和应用人工智能技术，同时注重培养学生的伦理意识、社会责任感和团队合作精神。

二、课程实践目标与策略

(一) 课程实践目标

1. 培养学生的人工智能素养

通过课程学习，学生将了解人工智能的基本概念、原理和应用领域，掌握人工智能算法、工具和编程技能，提升数字化能力和创新思维。

2. 培养学生的问题解决能力

课程将引导学生通过实际问题和项目驱动的学习方式，运用人工智能技术解决问题，培养他们的分析思考、逻辑推理和创造性解决问题的能力。

3. 培养学生的伦理意识和社会责任感

课程将强调人工智能的伦理问题和社会影响，引导学生思考人工智能对社会、经济和文化的影响，培养他们的伦理意识、社会责任感和可持续发展的观念。

4. 培养学生的合作与沟通能力

课程将鼓励学生在团队合作中共同探索和解决问题，培养他们的合作精神、沟通能力和团队协作技能，提高他们在协作环境下的综合能力。

（二）课程实践策略

1. 教学内容设计

基于学生的认知特点和学科发展要求，课程将以生动有趣的案例、实践活动和项目驱动的学习为核心，注重理论与实践相结合，激发学生的学习兴趣，提升他们的参与度。

2. 教学方法

课程采用多元化的教学方法，包括小组讨论、问题解决、实验实践、编程编制等，旨在培养学生的批判性思维、创造性思维和团队合作能力。

3. 资源支持

课程提供丰富的数字化学习资源，包括教材、在线学习平台、编程工具等，帮助学生进行自主学习和实践探索。

4. 评价方式

课程采用素养导向的多元评价方式，注重评价学生的过程和成果，包括学习表现、项目作品、实践成果等，鼓励学生进行自我评价和同伴评价，促进学生的自主学习和反思能力的发展。

三、课程实践对象与环境

（一）课程实践对象

本课程旨在为初中生提供人工智能教育，针对初中生进行设计和实施，旨在培养他们对人工智能的基本理解、技能和思维方式。

该课程的对象主要为年龄在 12 岁左右的初中一、二年级学生。针对这一阶段的学生特点，课程注重启发式教学、探究学习和实践应用，并充分考虑学生的认知水平、学科基础和兴趣爱好。

此外，该课程也适用于对人工智能感兴趣的其他学生群体，包括提前学习的学生、自学能力较强的学生，以及参加课外科技兴趣小组或社团的学生。这些学生将通过该课程获得更深入的人工智能知识和技能，并在实践中展示他们的才能和创造力。

综上，该课程的对象是年龄在 12 岁左右的初中生，以及对人工智能感兴趣的其他学生群体。课程的设计和实施将根据学生的特点和需求进行调整和个性化，以促进他们的全面发展，为他们的未来职业发展规划打下基础。

（二）课程实践环境

本课程的实施环境是一个具备数字化学习设施和资源支持的教育环境。为了有效地开展面向初中生的人工智能课程，学校需要提供以下环境和条件：

1. 学校教室和设备

学校需要配备适当的教室和设备，包括计算机、互联网连接、投影仪等，以支持课堂教学和实践活动的展开。教室应具备良好的学习氛围和舒适的学习环境，以提高学生的学习参与度和专注度。

2. 数字学习平台和资源

学校可以提供在线学习平台或教育技术工具，用于课程内容的教学和学生的自主学习。这些平台和工具可以提供教材、课件、学习资源、编程工具等，以支持学生的学习和实践活动。

3. 实践场所和设备

为了让学生能够进行实际的人工智能实践和项目驱动的学习，学校可以提供实践场所和相应的设备，例如实验室、创客空间、机器人套件等。这些场所和设备可以帮助学生进行实际的编程、数据处理和机器学习等活动。

4. 资源支持和合作机会

学校可以与科技企业、研究机构或社区合作，为学生提供资源支持和合作机会。这可以包括专业人员的讲座或指导、对科技公司或研究机构的参观、科技竞赛或项目等，以拓宽学生的视野和为其提供实践机会。

初中生的人工智能课程的实施环境需要适当的学习设施、数字学习平台和资源支持，以及实践场所和合作机会。这样的环境可以为学生提供积极的学习氛围和丰富的学习体验，促进他们的人工智能知识和技能的发展。

四、课程实践步骤

面向初中生的人工智能课程的实践步骤可以分为以下几个阶段：

（一）需求分析和课程设计

第一，进行需求分析，了解学生的背景、兴趣和学习需求。

第二，确定课程目标和核心内容，设计符合学生发展需求的课程框架和教学大纲。

（二）教学资源准备和课前准备

第一，收集并准备相关教学资源，包括教材、课件、实验材料、编程工具等。

第二，确保教室和设备的正常运行，准备好所需的计算机、投影仪、互联网连接等。

（三）教学实践阶段

第一，引入课程内容，激发学生对人工智能的兴趣和好奇心。

第二，通过启发式教学和案例分析，引导学生了解人工智能的基本概念、原理和应用领域。

第三，进行实践活动，包括编程实践、机器学习实验、项目设计等，让学生亲自体验人工智能技术的应用和实践过程。

第四，引导学生思考人工智能对社会和个人的影响，讨论有关人工智能的伦理和道德问题，并培养他们的科技伦理意识和社会责任感。

（四）学习评估和反馈

第一，采用多元化的评价方式，包括课堂表现、项目作品、实践成果等，评估学生的学习情况和能力发展。

第二，提供及时的反馈和指导，帮助学生发现自身的优势和改进方向。

第三，鼓励学生进行自我评价和同伴评价，促进他们的自主学习和合作能力的发展。

（五）课程总结和改进

第一，对课程进行总结和评估，反思教学过程中的成功和不足之处。

第二，根据学生的反馈，调整和改进课程内容和教学方法，以不断提升教学效果和学生的学习体验。

初中生的人工智能课程的实施步骤包括需求分析和课程设计、教学资源准备和课前准备、教学实践阶段、学习评估和反馈，以及课程总结和改进。这些步骤的目的是确保课程的有效实施，促进学生对人工智能的理解和技能的发展，以及培养他们的创新思维和科技伦理意识。

五、课程实践平台

目前有很多免费且开源的人工智能教学平台，包括中央电化教育馆的中小学人工智能教育服务平台、上海人工智能实验室的浦育平台、慧编程、Mind +平台、腾讯扣叮、编程猫等。

（一）中央电化教育馆的中小学人工智能教育服务平台

中央电化教育馆（以下简称"央馆"）开发了一个名为"中小学人工智能教育服务平台"的网站，包含课程资源、教研中心、师训中心、AI 大讲堂等模块，里面包括人工智能课例、人工智能教学设计、人工智能教学课件、人工智能课程教学实录、AI 知识普及学习、AI 教学交流等。

央馆建立中小学人工智能教育服务平台的目的主要有以下几个：

1. 提供优质的课程资源

该平台包含了丰富的人工智能课程资源，包括课例、教学设计、课件等，旨在为中小学教师提供高质量的教学素材，帮助他们更好地开展人工智能教育，提升教学质量。

2. 构建教研交流平台

平台设有教研中心和 AI 大讲堂等功能，旨在促进教师之间的交流与合作。教师可以在平台上分享教学经验、探讨教学方法，共同研究人工智能教育的最佳实践，从而提高专业水平。

3. 提供师资培训服务

平台设有师训中心，提供与人工智能教育相关的培训课程和资源，帮助教师提升自己的专业知识和能力，适应人工智能时代对教育的需求。

4. 推广 AI 知识普及

平台提供了 AI 知识普及学习的功能，旨在向广大学生和教师普及人工智能的基本知识，增进他们对人工智能的认识和理解。

综上所述，央馆建立中小学人工智能教育服务平台的目的是提供优质的人工智能课程资源、构建教研交流平台、提供师资培训服务，以及推广 AI 知识普及，从而推动中小学人工智能教育的发展，提升教师的教育水平，培养学生的人工智能素养。

央馆的中小学人工智能教育服务平台界面如图 11 – 1 所示。

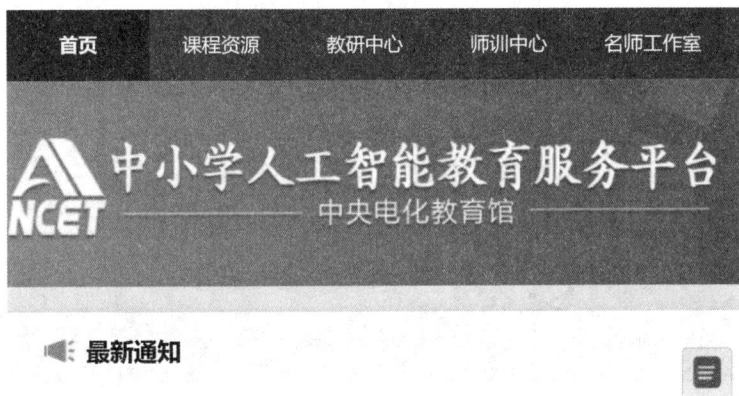

图 11 - 1 央馆的中小学人工智能教育服务平台界面

中小学教师开展人工智能课程教学，一个很大的难点在于缺乏对人工智能知识的系统培训。为了解决这个问题，网站平台专门设置了 AI 研习模块，包含 AI 技术、AI 应用、AI 平台等，如图 11 - 2 所示。老师们先系统学习 AI 的知识，再去开设人工智能的相关课程。

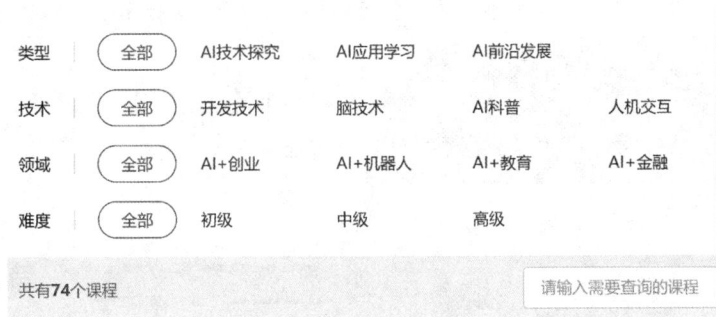

图 11 - 2 AI 研习模块

人工智能课程课堂实录是按照体系化、结构化的模式进行展示的，以央馆的系列人工智能书籍为教材按照章节和顺序进行展示，如图 11 - 3 所示。

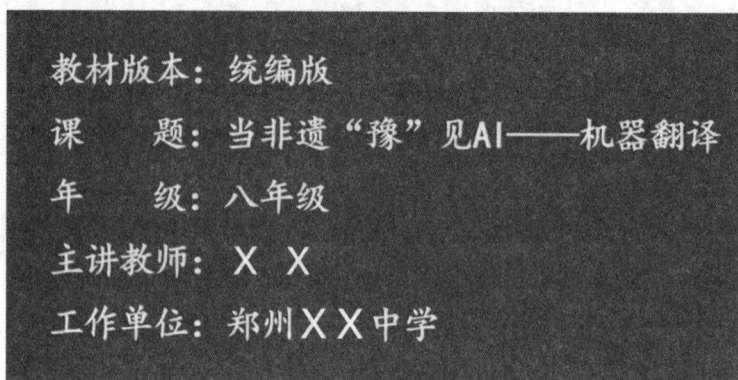

教材版本：统编版

课　　题：当非遗"豫"见AI——机器翻译

年　　级：八年级

主讲教师：✕　✕

工作单位：郑州✕✕中学

图 11-3　人工智能课程课堂实录

除了课堂实录以外，网站平台还针对优秀课例提供教学设计、教学课件、教学资源等详细的配套资源，让老师们可以直接用来上一节人工智能的课程，如图 11-4 所示。

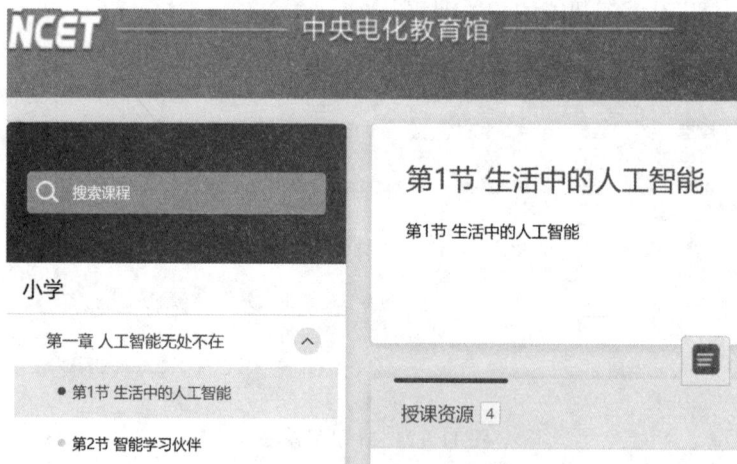

图 11-4　人工智能课程配套资源

除了以上教研模块以外，网站平台还设置了学校或区域人工智能教育研修共同体，有各个学校或区域的经验分享，对希望开展人工智能教育的学校有很好的借鉴作用，如图 11-5 所示。

| 类型 | 全部 | 领导讲话 | 工作报告 | 专家讲座 | 教材解读 | 区域经验 |

| 学段 | 全部 | 小学 | 初中 | 高中 |

共有**2**个课程

甘肃省兰州市第十六中学经验与思路分享

学段：无　　类型：学校经验　　活动：2022试点区,

发布时间：2022-12-07 00:34:18

👁 9　　👍 0　　☆ 0

图 11 - 5　经验分享模块

（二）浦育平台

浦育平台是上海人工智能实验室开发的一个一站式的 AI 学习服务人工智能、普及 AI 教育的平台，核心理念：学—练—创—课—赛。

第一是学，即学生进行 AI 知识的学习，培养核心素养。第二是练，即 AI 练习，精准对应知识点。第三是创，即学生通过创作 AI 作品培养发散思维。第四是课，即 AI 优质课程体系。第五是赛，即为学生和教师搭建 AI 权威展示舞台或交流竞技的平台。浦育平台网站界面如图 11 - 6 所示。

图 11 - 6　浦育平台网站界面

1. 人工智能知识体系

浦育平台对权威人工智能读本进行梳理，建立 AI 知识结构。例如，《人工智能启蒙》（全六册）读本由林达华教授和顾建军教授联合主编，并汇集南京师范大学知名教育专家和优秀小学教师共同编写。本书系面向小学及以上文化程度读者，共分为六册。各册读本均采用图文并茂的方式对人工智能进行阐述，内容表述方式符合小学生的认知，强调读者在"动手做""实验""探究""设计""创作""反思"的过程中"体验""体悟""体认"人工智能相关知识。[①]

《人工智能入门》（全四册）读本由陈玉琨教授担任主编，汇集全国知名教育专家和优秀中学教师共同编写。本书系面向初中生及以上文化程度的读者，共计四册，含有九个章节。整体内容图文并茂，语言通俗易懂，将复杂的人工智能知识进行难度降维并采用更加便于理解的方式进行阐述。考虑到读者的认知规律，本书系在章节的编排上基于人工智能项目应用展开，将学习过程与生活应用相搭配，每章以生活场景为引入，穿插编程练习和项目实践，注重发展读者的动手能力与创造能力，通过实际问题循序渐进地传递人工智能知识原理。其他人工智能教材如图 11 - 7 所示。

《人工智能基础 1》

⊚ 14085

《人工智能基础》系列读本由汤晓鸥、潘云鹤、姚期智担任主编，汇集全国知名教育专家、优秀中学教师、人工智能研究员共同编写。读本每章以项目为主线，读者在完成项目的过程中，学习人工智能相关知识与算法原理，思考人工智能背后的伦理问题，继而习得利用人工智能解决实际问题的能力。本册读本为《人工智能基础》系列读本第一册，包含人工智能概览、编程入门、算法初览、数据初探、回归与分类五个部分，主要目标是激发读者对人工智能的兴趣，初步了解人工智能的概貌，为人工智能的学习打下知识和能力基础。

图 11 - 7　《人工智能基础 1》

2. 人工智能体验平台

浦育平台将各种人工智能的体验功能集成在体验模块中，让学生可以一站式体验人工智能中的人脸识别、语音识别、车牌识别等，案例趣味性强、简单明了，如图 11 - 8 所示。

---

① Open Innolab 教育平台，https：//www. openinnolab. org. cn/pjedu/aibookDetail？id = f7zw49udav.

图 11 - 8　AI 体验模块

3. 小初高一体化课程

从小学的图形化编程，到高中的 Python 编程，平台中各学段课程一应俱全。小学的图形化编程如图 11 - 9 所示。

图 11 - 9　图形化编程

4. 项目化学习

浦育平台比较注重以项目的形式来开展人工智能教育，提供了师生开展项目化学习的模块和项目范例，使他们可以直接以克隆的形式进行学习，如图 11 - 10 所示。

图 11 – 10　项目化学习

5. XEdu 平台

上海人工智能实验室联合谢作如老师等专家开发了一款名为 XEdu 的教育平台。该平台利用人工智能和大数据技术，为学校、教师和学生提供个性化的学习解决方案。XEdu 平台可以根据学生的学习情况和需求，提供智能化的学习推荐和个性化的学习计划。它能够分析学生的学习数据，了解学生的学习特点和学习习惯，从而为教师提供有针对性的教学建议和辅导方案。同时，XEdu 平台还提供了在线学习资源和学习工具，帮助学生进行自主学习和提升学习效果。

通过人工智能技术的应用，XEdu 平台可以实现对学生学习过程的智能监测和评估，帮助教师更好地了解学生的学习情况，及时发现问题并进行有针对性的指导。同时，学生也可以通过该平台进行自主学习和自我评估，提升学习效果和学习能力。

总的来说，XEdu 平台利用人工智能技术为教育提供了新的可能性，能够个性化地辅助教学和学习，提升学生的学习效果和学习体验，如图 11 – 11 所示。

XEdu是什么

OpenXLabEdu简称 **XEdu**，是基于OpenXLab的教育版，也是为中小学AI教育设计的一套完整的学习工具。OpenXLab是上海人工智能实验室开源的AI工具集合。

XEdu核心工具为计算机视觉库MMEdu，加上神经网络库BaseNN和传统机器学习库BaseML，覆盖了中小学可能涉及到AI技术的所有领域。

图 11 – 11　XEdu 平台

（三）慧编程

慧编程是深圳市创客工场科技有限公司开发的一款图形化编程平台，专注于研发软硬结合的国产双模式编程软件，深受全球约 2 000 万老师和学生的信赖。

慧编程提供在线人工智能体验与编程，将模型训练、机器学习、使用模型、程序调试、应用融为一体。下面简单演示如何在慧编程中编写最简单的机器学习程序。

第一步，单击"添加扩展"，如图 11 – 12 所示。

图 11 – 12　添加扩展

第二步，添加机器学习扩展，如图 11 – 13 所示。

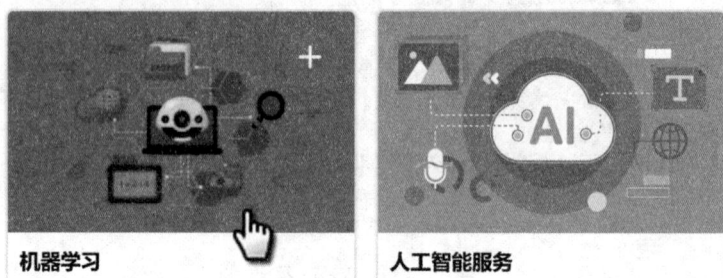

图 11 – 13　机器学习扩展

第三步，单击"训练模型"，如图 11 – 14 所示。

图 11 – 14　训练模型

第四步，调用摄像头进行拍照，获取数据，对数据打标签。训练完成后，可以使用模型，如图 11 - 15 所示。

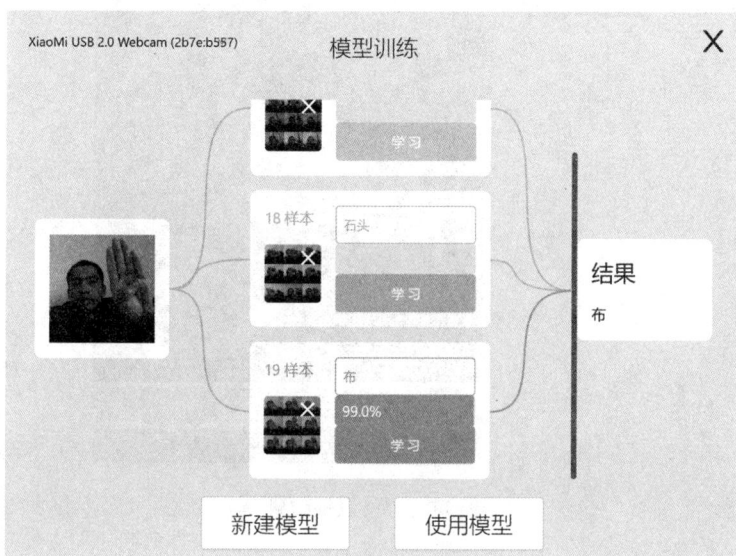

图 11 - 15 训练和使用模型

第五步，编写程序。程序非常简单，小学三年级的学生应该都可以理解。最大的好处是：在第四步中通过训练得到的模型，在此处可以直接调用，如图 11 - 16 所示。

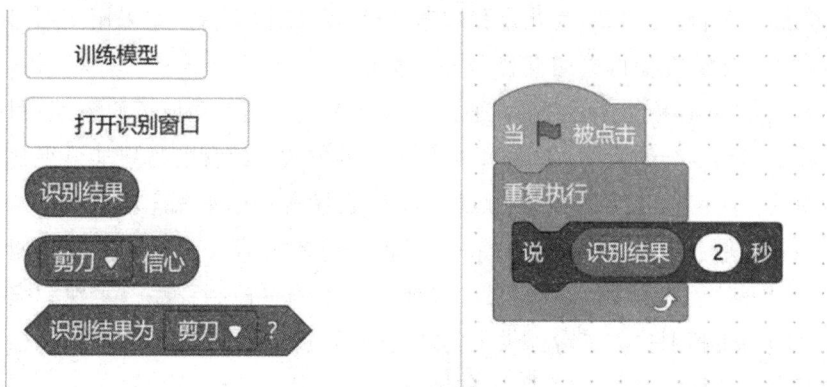

图 11 - 16 调用模型

第六步，测试模型，识别结果如图 11 – 17 所示。

图 11 – 17　识别结果

通过上面的六个步骤，学生体验了数据、算法、算力对于人工智能的重要性，感受到数据量对模型准确性的影响，初步了解了机器学习的实现方式。最后通过简单的程序编写，实现了模型训练。从调用模型到使用模型，学生亲历了用人工智能解决实际问题的全过程。

（四）Mind + 平台

Mind + 平台是一款专为儿童和初学者设计的编程平台。它采用了图形化编程的方式，使编程变得更加直观和易于理解。

通过 Mind + 平台，用户可以通过拖拽和连接不同的图形模块来编写程序，而不需要编写复杂的代码。这种图形化编程的方式使编程变得更加可视化和具有互动性，使初学者能够更容易地理解和掌握编程的基本概念和逻辑。

Mind + 平台支持多种硬件设备的编程，包括机器人、无人机、智能小车等。用户可以通过 Mind + 平台为这些硬件设备编写控制程序，实现和完成各种有趣的功能和项目。平台提供了丰富的图形模块和功能库，用户可以根据自己的需求选择和组合这些模块，完成各种编程任务。

除了图形化编程，Mind + 平台还提供了实时调试和模拟功能，用户可以在编写程序的同时进行实时调试和模拟，以更好地测试程序运行效果。

　　总的来说，Mind + 平台是一款适合儿童和初学者的图形化编程平台。它通过直观的图形化编程方式和丰富的功能库，帮助用户轻松入门编程，并实现各种有趣的创意。下面以 Mind + 平台实现人脸识别信息为例进行说明。

　　首先，添加扩展，在网络服务中选择"AI 图像识别"，如图 11 – 18 所示。

图 11 – 18　AI 图像识别

　　其次，在 Mind + 的界面左侧模块区中就会多出一个"网络服务"，单击"网络服务"，就会显示它所包含的子模块，如图 11 – 19 所示。

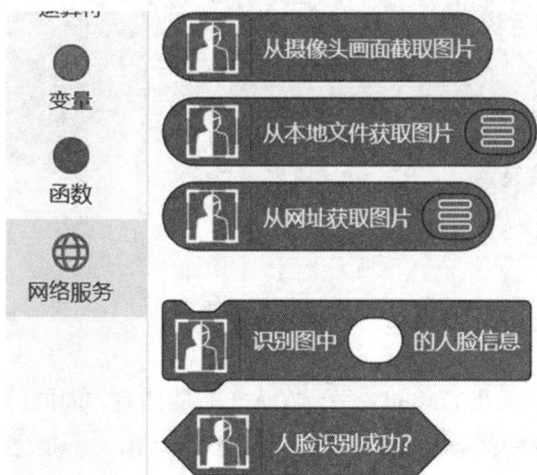

图 11 – 19　网络服务

通过编写简单的程序，学生即可体验人脸识别的效果，如图 11 - 20 所示。

图 11 - 20　人脸识别程序

最后，在选取电脑中的某张包含人脸的照片之后，程序即可自动识别其中的人脸并给出相关信息，识别效果如图 11 - 21 所示。

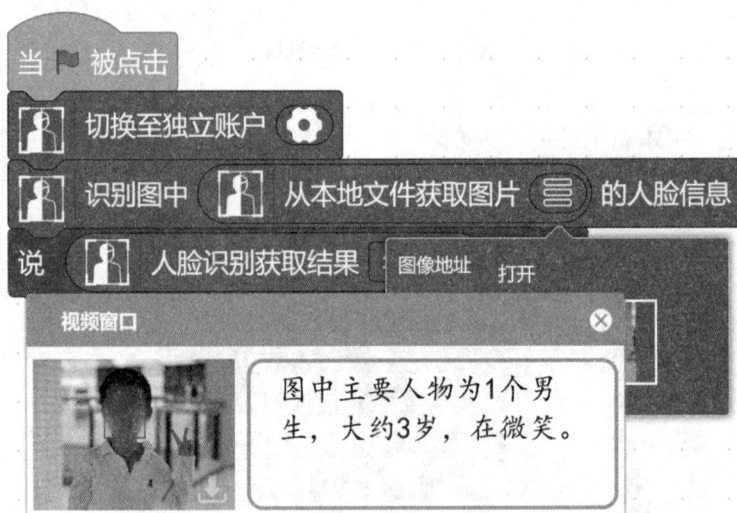

图 11 - 21　人脸识别效果

从上面的例子可以看出，Mind + 平台在人工智能体验方面的门槛是比较低的，用户即使没有摄像头等硬件设置也可以轻松体验 AI。不足之处：由于要调用百度 AI 的 API 接口，如果用户没有独立账户，在使用者数量比较多的时候，可能会出现问题。

除此以外，Mind + 平台还提供了机器学习的体验与应用，比如 KNN 分类、姿态识别与追踪等，如图 11－22 所示。

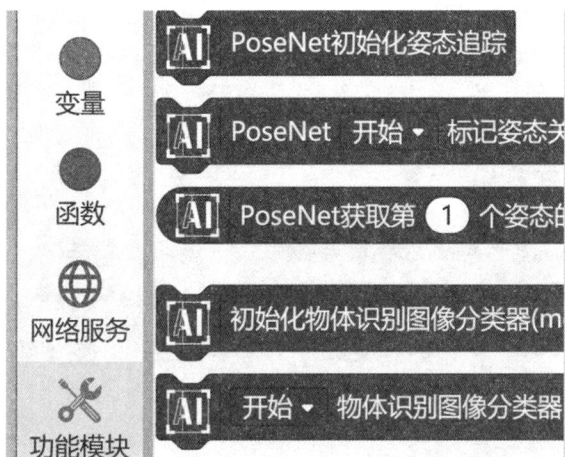

图 11－22 姿态识别与追踪

在使用机器学习的时候，因为图形化编程模块封装了机器学习的很多具体实现过程，所以学生需要对机器学习的原理有一定的了解，否则在搭建图形化积木的时候，可能难于理解为什么要这样搭建，以及为什么顺序是这样的。

（五）腾讯扣叮

腾讯扣叮是深圳市腾讯计算机系统有限公司面向 6 至 18 岁的中小学生推出的编程教育平台。该平台中的人工智能实验室通过有趣的 AI 应用项目（拍照识花、语音识别、智能聊天等），使初学者体会 AI 带来的趣味。高阶学习者可以参与常见算法模型的调参过程，学习 AI 的底层逻辑。

通过几行简单的代码，就可以实现物体识别，如图 11－23 所示。

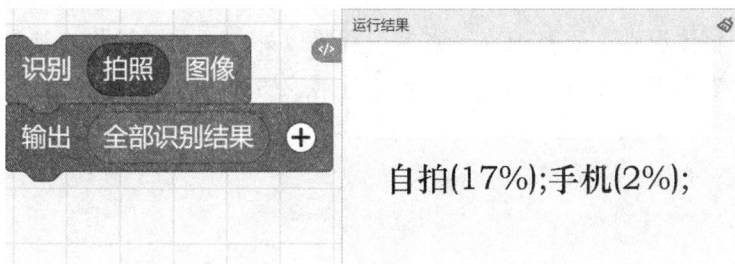

图 11－23 物体识别

语音识别就更简单了，仅仅需要两行代码即可实现，但需要麦克风的支持，如图 11 – 24 所示。

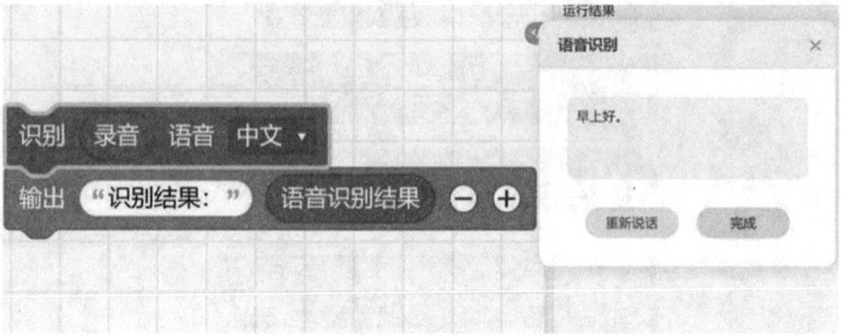

图 11 – 24　语音识别

除了图像识别、语音识别以外，还有姿态识别，很多人工智能创意作品都包含这个功能，如图 11 – 25 所示。

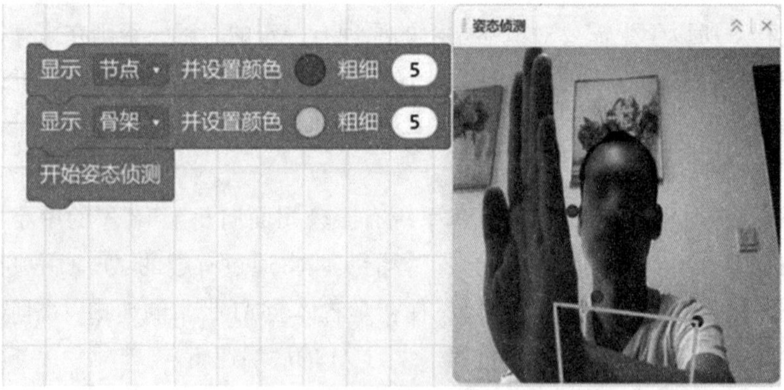

图 11 – 25　姿态识别

除了物体识别、语音识别、姿态识别等以外，平台还提供经典算法的学习，提供数据集的分类等算法的体验，适用于初高中阶段学生，如图 11 – 26 所示。

图 11-26 经典算法

(六) 编程猫

编程猫是一款面向儿童和初学者的编程学习平台。它提供了一系列图形化编程工具和课程，帮助学生学习编程的基础知识和逻辑思维。在编程猫平台上，学生可以通过拖拽和连接图形模块的方式编写程序，而不需要编写复杂的代码。这种图形化编程的方式使得编程变得更加直观和易于理解，适合初学者快速入门。

编程猫平台提供了丰富的编程课程和项目，包括游戏开发、动画制作、机器人编程等。学生可以根据自己的兴趣和需求选择相应的课程进行学习，逐步提升编程技能。此外，编程猫还提供了社区功能，学生可以在社区中与其他编程爱好者交流和分享自己的作品。这种互动和合作的环境可以激发学生的创造力和动手实践能力。

1. 认知 AI

下面重点介绍编程猫的人工智能模块，在源码编辑器中添加扩展积木，选择"AI 积木"，如图 11-27、图 11-28 所示。

图 11-27 在源码编辑器中添加扩展积木 (一)

高级工具
功能强大的工具积木，正确运用你将作出非凡效果。

AR
摄像头侦测物体运动，还可以扫描识别二维码。

海龟函数
可以调用海龟编辑器中对应Python函数。

图 11 – 28　在源码编辑器中添加扩展积木（二）

编写简单的程序，如图 11 – 29 所示：

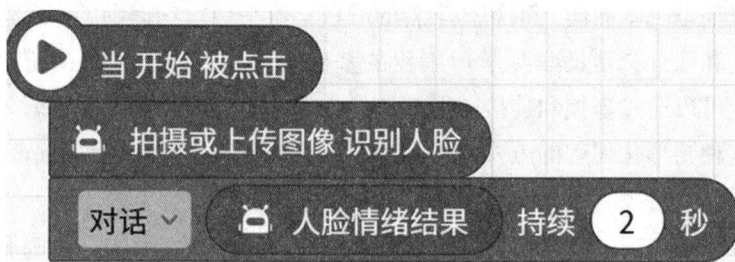

图 11 – 29　编写程序

点击开始，调用摄像头拍照或使用本地图片，即可正确识别图片中表达的情绪，如图 11 – 30 所示。

图 11 – 30　识别情绪

2. GameAI

编程猫的 GameAI 是基于神经网络算法，利用有监督和无监督两种学习模式，通过生成模型，最终实现让 AI 自己玩游戏的一个机器学习方法。[①]

有监督学习模式：用户需要自己玩游戏产生相应的数据，将之作为训练数据，不断训练和记录，生成最终模型。模型的好坏取决于训练数据质量的高低，在生成模型之后，AI 可以自动玩游戏。在 AI 玩游戏的过程中，可以用后项传播算法对模型进行进一步优化，以获得更好的自动游戏体验。

无监督学习模式：AI 自己产生随机数据，并利用遗传算法，淘汰没有用的随机数，保留有用的数据，不断优化模型，最终生成一个可以自动游戏的模型。

GameAI 的界面如图 11 – 31 所示。

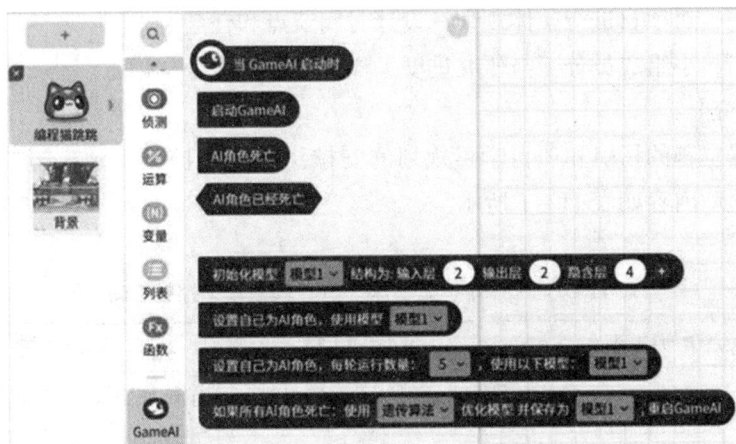

图 11 – 31　GameAI

六、第一轮行动研究——AI 守护孤"泳"者

项目范例　AI 守护孤"泳"者[②]

【情境】

根据数据统计，我国每年有数百名中小学生因游泳溺亡。其中，夏季是中

---

① 语雀云端知识库，https：//codemao. yuque. com.

② 陈卫军，蓝旭雯. 人工智能课程项目式学习支架建构与应用研究——以"AI 野泳监测器"为例 [J]. 教育信息技术，2023 (9)：77 – 80.

小学生溺亡事故高发期，大多数事故发生在游泳池、河流、湖泊等地。造成这种情况的原因包括游泳技能不足、缺乏安全意识、监管不力等。其中，野泳占溺亡原因比例高达 87.64%。

【问题】

如何高效防止中小学生野泳溺亡？

【分析】

根据项目范例的问题，在小组中组织讨论，对问题进行分析和分解。

子问题 1：造成溺水事故的原因有哪些？

子问题 2：当前河道管理措施的弊端有哪些？

子问题 3：人工智能技术相比其他措施有什么优势？

子问题 4：如何将人工智能技术应用于野泳防治？

【项目规划】

第一，对项目进行整体规划，设计时间节点和任务要求。

第二，小组成员分工与研究进度怎样安排、如何分享创意。

【探究】

根据主题的指引和项目学习规划的安排，"AI 守护孤'泳'者"项目学习探究活动内容如表 11 – 1 所示：

表 11 – 1 "AI 守护孤'泳'者"项目学习探究活动

探究学习内容	探究学习活动	知识技能
造成溺水事故的原因	利用主题网站查阅资料进行操作	了解原因，分析对策，提出建议
下载数据	查阅网站资料，观察、测试	掌握快速获取所需数据的方法
训练数据模型	查阅网站资料，操作、测试	掌握数据模型训练的方法
舵机模块	查阅资料、测试硬件、分析数据	掌握舵机模块的用途及使用方法
程序调试和作品迭代	不断测试和改进	掌握作品系统测试和迭代的方法

【实施】

根据制作主题可能涉及的内容，项目学习实践内容如表 11 – 2 所示：

表 11 – 2　项目学习实践内容

制作主题	内容
K210 板	（1）学会 K210 板的基本使用方法 （2）连接扩展板，加入常见传感器等
机器学习模型训练	（1）理解机器学习的实现原理 （2）学会模型训练的方法
舵机	（1）掌握接线方法 （2）通过程序控制舵机
外观搭建材料	（1）学会使用常见材料搭建外观 （2）会对外观进行美化设计
作品测试与改进	学会根据测试结果找原因并解决问题

【成果】

在开展项目范例学习过程中，各小组梳理小组成员在学习活动中的观点，建立观点结构图，运用多媒体创作工具（如演示文稿、在线编辑工具等），综合加工和表达，形成可视化学习成果（如项目研究报告），并通过各种分享平台发布。

【评价】

根据项目学习的"项目活动评价表"，针对项目范例的学习过程和学习成果，在小组和全班中或在网络上开展交流，进行自评和互评。

【项目选题】

请以 2～4 人为一组，以解决身边小问题为出发点，从下列参考主题中选择一项进行项目探究学习。

主题一：安全卫士——口罩佩戴检测装置

主题二：醒狮识别

主题三："剪刀石头布"游戏

主题四：停车规范检测

自选主题：_____

【项目规划】

参照项目范例的样式，制订本小组项目方案。请将小组的规划方案填写到表 11 – 3 中。

表 11 - 3　规划方案

(1) 项目主题	
(2) 要解决的核心问题	
(3) 作品需要具备的功能（多选）	□舵机转动　□感应是否有人 □发出警报　□感应光线 □其他
(4) 作品将会应用的领域	
(5) 需要用到的核心设备	
(6) 需要学习的知识和技能	
(7) 开展项目学习的方法	
(8) 进度安排表	
(9) 获取学习资源及获得指导的途径	
(10) 可能遇到的困难	
(11) 预期成果	

【方案交流】

各小组将完成的方案在班级中进行展示交流。师生根据交流情况，按照下面问题的指引，共同完善本组的研究方案。

我们小组的方案的优点是 _____

_____

我们的方案还需要补充的地方有 _____

_____

我认为还有更好的方案，我们可以（怎么做）_____

_____

【项目实施】

1. 项目选题

学生以小组的形式提出各种创意，如楼道杂物检测、醒狮造型识别等，找到这些问题的痛点，大家一起讨论，在网络上查找资料，看是否有新意。如果没有人做过，就将之作为备选方案，提交导师审核。

导师如果觉得技术上可行，就同意小组的方案；如果觉得没有新意或者在技术上很难实现，小组就要重新选题。

2. 问题分解

各小组将项目的驱动性问题分解为多个小问题，便于分工合作、解决问题。

3. 项目规划

各个小组制订项目研究计划和执行方案，如小组成员分工、任务完成的时间节点等。

4. 项目实施

各个小组根据项目选题及拟定的项目方案，结合本单元所学知识，进一步完善项目方案中各项学习活动，并参照项目范例样式，撰写相关的项目成果报告。

【成果交流】

各小组运用数字化学习工具，将所完成的项目成果在小组或班级上进行展示或分享。

【活动评价】

各小组根据项目选题、拟定的项目方案、实施情况、所形成的项目成果，利用"项目学习评价表"开展项目学习评价。

七、第二轮行动研究——单元学历案

（一）设计一款识别访客是否佩戴口罩的智能装置

学习主题： 设计一款识别访客是否佩戴口罩的智能装置	课时：6 课时 设计者：张志荣
单元概览： 　　在这个单元中，你将学习如何设计一款识别访客是否佩戴口罩的智能装置。通过学习人工智能的基本原理和机器学习的简单实现方式，你将能够应用这些知识解决身边的问题，并搭建一个简单的智能应用。通过这个单元，你将掌握技术知识，还能了解人工智能发展中的伦理道德规范。	
学习目标： （1）了解用机器模拟人类智能的主要方法。 （2）了解人工智能机器学习的简单实现方式。 （3）通过典型的人工智能实验，理解数据、算法和算力是人工智能的三大技术基础。 （4）通过收集数据、训练模型的方式解决身边的简单问题，并结合编程、物联网等技术搭建简单的智能应用平台。 （5）理解人工智能发展必须遵循的伦理道德规范。	

（续上表）

学习主题： 设计一款识别访客是否佩戴口罩的智能装置	课时：6 课时 设计者：张志荣

为何学：

（1）了解人工智能的基本原理和机器学习的实现方式对你未来的学习和职业发展有重要意义。

（2）学习设计智能装置的过程将培养你的创造力、解决问题的能力及团队合作精神。

（3）了解人工智能的伦理道德规范是成为一个负责任的科技使用者的关键。

给你支招：

（1）在学习过程中尝试与小组成员进行合作和讨论，共同解决问题和优化设计。

（2）勇于提出问题和寻求帮助，探索不同的学习资源和工具，如网络教程、编程平台等。

（3）在实践中不断反思和调整，善于利用错误和挑战作为学习的机会。

评价任务：

（1）小组展示设计的智能装置原型，并演示其识别访客佩戴口罩的功能。

（2）编写一份小组报告，介绍设计的智能装置的工作原理和使用方法，并讨论其中的伦理道德考量。

学习过程：

课时 1：

（1）引入人工智能的概念和应用，重点介绍机器模拟人类智能的方法。

（2）观看相关视频或展示智能装置的工作原理和功能。

课时 2：

（1）介绍人工智能机器学习的基本原理和流程，包括数据收集、特征提取、模型训练和模型测试。

（2）学习和讨论人工智能机器学习在智能装置设计中的应用场景。

课时 3：

（1）组织小组合作，确定智能装置的设计和功能要求。

（2）引导学生收集和准备用于训练模型的数据集，可以是佩戴口罩和未佩戴口罩的访客照片。

课时 4：

（1）指导学生使用适当的机器学习工具或平台，训练模型以识别访客是否佩戴口罩。

（2）学生在小组内合作，共同训练和优化模型，探索不同算法和参数的影响。

（续上表）

学习主题： 设计一款识别访客是否佩戴口罩的智能装置	课时：6 课时 设计者：张志荣
课时 5： （1）测试模型的准确性和效果，利用训练好的模型对访客的口罩佩戴情况进行识别。 （2）将模型应用到智能装置中，并搭建简单的物联网系统进行实时监测。 课时 6： （1）小组展示智能装置原型，并演示其在识别访客口罩佩戴情况方面的功能。 （2）进行小组讨论，探讨智能装置在提高安全性和卫生意识方面的潜在贡献，并就伦理道德问题进行讨论和反思。	
检测与练习： 　　每个课时结束时，设计简单的练习或小测验，以检查学生对机器学习和智能装置设计的理解和掌握程度。	
学后反思： 　　鼓励学生在单元结束后进行学习反思，思考他们在机器学习和智能装置设计过程中遇到的困难、取得的进步和未来的学习目标。反思过程中，思考人工智能发展中的伦理道德问题，如隐私保护、公平性等。	

（二）单元主题学历案——安全卫士

	课程名称："安全卫士"①		
学校	中山市第一中学 中山市东区远洋学校 中山市第二中学	学科/年级/设计者	学科：信息科技 年级：八年级 设计者：陈卫军、赵奇伟、叶大盛
教材	初中人工智能课程校本教材	对应章/课时	项目五"口罩佩戴检测"第 1～3 节

---

　　① 仿照：广州市天河区华阳小学黎娜、广州市天河区体育东路小学兴国学校苏楚缘、佛山市顺德区龙江城区中心小学宁靖等老师的主题单元学历案——"电子门牌的设计与制作"。

（续上表）

课程名称："安全卫士"

1. 你敢挑战吗

　　疫情防控期间，人们进入学校、医院、单位等公共场所时被要求佩戴口罩，单靠人力来监督，效率比较低。如何设计一款能够检测人是否佩戴口罩的装置？基于以上问题，各小组一起开展讨论、制订方案，使用人工智能的知识和技能来设计与制作一款"安全卫士"创意作品吧！看哪个小组的设计最实用、最具创意，成员之间合作最默契。一起来挑战吧！

2. 你将学到哪些知识

（1）机器学习的常见类型。

（2）监督学习的基本流程。

（3）建立数据模型的方法。

（4）搭建人工智能图像识别作品。

3. 期望你学会什么

（1）能识别身边的人工智能应用。

（2）能列举人工智能的术语：机器学习、数据集、模型训练等。

（3）知道人工智能的实现方式之一是机器学习。

（4）知道人工智能的安全挑战及自主可控地位。

4. 给你支招

（1）为何学：

在我们的身边，有很多的人工智能应用。了解人工智能、与人工智能良好相处，是我们未来学习和生活的必备技能。本单元我们将一起了解人工智能机器学习的原理，通过体验机器学习，了解机器学习的实现方式，并运用机器学习的原理解决生活中的实际问题。各小组设计与制作一款检测人们是否佩戴口罩的装置。

（2）如何学：

①根据课堂上教师提出的问题，各小组讨论项目分工及任务，并根据各课时学历案的活动，以及使用微课资源包，合作探究、教师答疑等方式，开展项目化学习。

②通过线下与线上的讨论、交流完成项目作品的创作与展示，提升团队沟通能力和协作能力。

（3）学习资源与建议：

教材、微课资源包、单元学历案、Mind＋平台、带摄像头的计算机。

课时 1　学历案

课时 1 名称：模型训练

1. 课时目标

（1）了解数据的采集与分类。

（2）了解模型训练的流程。

（3）学习如何使用大量人戴了口罩和没戴口罩的照片进行机器学习的训练。

2. 评价任务

（1）完成任务 1、2（检测目标 1、2）。

（2）完成任务 3（检测目标 3）。

3. 学习过程

（1）人佩戴口罩的照片的数据分类与采集。

（2）训练模型与测试模型。

（3）使用大量人戴了口罩和没戴口罩的照片进行机器学习算法的训练。

热身活动：准备各种类型和颜色的口罩，作为训练模型的原料。

任务 1

□活动 1：请同学们思考：用哪款软件、哪个模块可以进行模型训练？（用抢答器进行抢答）

□活动 2：请两人一组合作拍照，从多个角度拍摄对方佩戴口罩和没佩戴口罩的照片。（完成的小组举手告诉老师）

任务 2

□活动 3：请四人小组头脑风暴，思考并在下面填写你们能想到的模型训练的流程（指向目标 1、检测目标 1）。

模型训练流程图

任务 3

□活动 4：请四人小组讨论，填写下面的项目计划书，并分工合作完成作品的设计（指向目标 2、3，检测目标 2、3）。

（续上表）

<table>
<tr><td colspan="4" align="center">课时 1 名称：模型训练</td></tr>
<tr><td>组名</td><td></td><td>小组成员</td><td></td></tr>
<tr><td>项目名称</td><td></td><td>指导老师</td><td></td></tr>
<tr><td rowspan="4">系统规划</td><td colspan="3">功能设想：
我想要设计的作品是这样的：
跟教师展示的项目范例有哪些不同：</td></tr>
<tr><td colspan="3">系统组成：
实现上面的功能需要用到下面哪些材料呢？（可以寻求老师帮助）</td></tr>
<tr><td colspan="3">□主控板　□LED 灯　□SD 卡　□数据线　□LCD 显示屏　□蜂器
其他：＿＿＿＿＿＿＿＿＿＿＿＿＿＿＿＿＿＿＿＿＿＿＿</td></tr>
<tr><td colspan="3">外观美化：（可从色彩、图案等方面进行文字描述，也可画出草图）</td></tr>
<tr><td rowspan="2">项目分工</td><td>组长：</td><td>负责：</td><td>组员①：　　　负责：</td></tr>
<tr><td>组员②：</td><td>负责：</td><td>组员③：　　　负责：</td></tr>
</table>

项目计划书

□活动 5：请在两分钟内展示项目计划书和作品，说说项目实施过程中最想分享给大家的亮点。

课堂小结

（1）请用 1 分钟在小黑板写上在这节课学到的关键词并上传。

（2）根据这节课四人小组整体掌握程度，给星星涂上颜色吧！

收获	得分	收获	得分
我能发现模型训练在生活中的应用。	☆☆☆	我能和小组成员合作共同完成数据的采集与模型的训练、测试。	☆☆☆
其他	我还学会了＿＿＿＿＿＿＿＿＿＿＿＿＿＿＿＿＿。		

课时2 学历案

课时2名称：口罩佩戴检测装置的实现

1. 课时目标

(1) 了解口罩佩戴检测装置的基本原理和应用场景。

(2) 掌握口罩佩戴检测装置的组成和工作流程。

(3) 学习如何使用模型训练进行口罩佩戴检测。

2. 评价任务

(1) 完成任务1、2（检测目标1、2）。

(2) 完成任务3（检测目标3）。

3. 学习过程

热身活动

□活动1：观看学校门口门禁检测来访者是否佩戴口罩的视频。

□活动2：请各小组同学通过UMU平台与其他小组成员们进行互动。

任务1

□活动3：请小组内讨论后，将校园门口的口罩佩戴检测系统实现环节填写到小黑板并上传。

任务2

□活动4：请根据"安全卫士"的相关子任务，四人小组讨论，进行成员分工并填写下面的项目计划书吧！

组名		小组成员	
项目名称		指导老师	
口罩检测系统的系统规划	功能设想： 我想象中的"安全卫士"是这样的： 答：<u>安全卫士通过语音提示告知来访者是否佩戴口罩。</u>		
	系统组成： 实现上面的功能需要用到下面哪些材料呢？（可以寻求老师帮助） ☑主控板　　☑舵机　　☑数据线　　☑LCD 显示屏		

（续上表）

课时 2 名称：口罩佩戴检测装置的实现						
项目分工	组长：	负责：	组员①：	负责：
	组员②：	负责：	组员③：	负责：

任务3

□活动5：利用提供的材料，根据项目计划分工，互相学习配合，制作口罩检测系统（指向目标1、2、3，检测目标1、2、3）。

□活动6：请小组上台在两分钟内展示项目计划书和作品，说说项目实施过程中最想分享给大家的一个地方吧！其他小组进行点评，给出修改建议。

课堂小结

（1）通过 UMU 中的讨论模块，分享项目实施完成后的个人收获感想，并总结显示屏原理和编程算法。

（2）根据这节课自己在四人小组中的整体表现，给星星涂上颜色吧！

收获	得分	收获	得分
我能发现作品可以再设计和创新的地方。	☆ ☆ ☆	我能和小组成员合作完成项目作品的再设计与优化。	☆ ☆ ☆
其他	我还学会了_____。		

课时 3　学历案

课时 3 名称："我能分辨你"项目实践
1. 课时目标 （1）掌握口罩佩戴检测装置的测试方法和流程。 （2）学习如何对口罩佩戴检测装置进行优化和改进。 （3）能够独立完成"我能分辨你"项目的测试和优化。 2. 评价任务 （1）完成任务1、2、3（检测目标1、2、3）。 （2）完成任务4、5（检测目标4、5）。

（续上表）

课时 3 名称："我能分辨你"项目实践

3. 学习过程

（1）学习口罩佩戴检测装置的测试方法和流程。

（2）将所学知识应用在生活中，提出解决生活中问题的设想。

（3）自选具体案例，实现"我能分辨你"项目中的模型训练。

热身活动：师生互动，简单回顾前两课的学习内容。

任务 1："我能分辨你"

□活动 1：试一试（指向目标 1、2）。

①你们的项目能解决生活中的什么问题？ _____

②作品用到了人工智能的什么原理： _____

③在 UMU 平台上传你们训练好的模型。

□活动 2：说一说（检测目标 1、2）。

四人小组同学分工合作，完成 15 秒的作品推介。请其他同学说一说最喜欢哪一组的设计，并说说理由。

任务 2：创意作品展示交流

□活动 3：展示与评价（指向目标 2、3，检测目标 2、3）。

（续上表）

课时 3 名称："我能分辨你"项目实践

规则说明：

(1) 每次选 1 位同学上台随机抽取展示小组。

(2) 被抽中的小组进行作品展示（包括功能、特点、作用、制作过程等方面），3 分钟内完成。

(3) 该同学对小组展示进行点评（优点与修改建议）。

(4) 组长对这位同学的点评作简单回应。

(5) 观众参与点评，并根据以下评分标准，对展示小组进行评分。

评分内容	标准描述及所占分值		第一组	第二组	第三组	第四组	第五组	第六组
语言表达 20%	声音清晰、语言流利、表达准确、层次分明	10%	□优 □良 □中 □差	□优 □良 □中 □差	□优 □良 □中 □差	□优 □良 □中 □差	□优 □良 □中 □差	□优 □良 □中 □差
	时间控制合理	10%	□优 □良 □中 □差	□优 □良 □中 □差	□优 □良 □中 □差	□优 □良 □中 □差	□优 □良 □中 □差	□优 □良 □中 □差
作品设计 60%	作品外形美观	20%	□优 □良 □中 □差	□优 □良 □中 □差	□优 □良 □中 □差	□优 □良 □中 □差	□优 □良 □中 □差	□优 □良 □中 □差
	方案详细、清晰、完整	20%	□优 □良 □中 □差	□优 □良 □中 □差	□优 □良 □中 □差	□优 □良 □中 □差	□优 □良 □中 □差	□优 □良 □中 □差
	具有特色和创新点	20%	□优 □良 □中 □差	□优 □良 □中 □差	□优 □良 □中 □差	□优 □良 □中 □差	□优 □良 □中 □差	□优 □良 □中 □差

（续上表）

课时 3 名称："我能分辨你" 项目实践								
PPT 制作 20%	书面语言表达简练、准确、规范	10%	□优 □良 □中 □差	□优 □良 □中 □差	□优 □良 □中 □差	□优 □良 □中 □差	□优 □良 □中 □差	□优 □良 □中 □差
	排版合理，能使用图片、视频、音频等多种形式呈现	10%	□优 □良 □中 □差	□优 □良 □中 □差	□优 □良 □中 □差	□优 □良 □中 □差	□优 □良 □中 □差	□优 □良 □中 □差

□活动4：根据教师提供的平台数据，尝试进行数据分析，为相应小组提出学习建议（指向目标3）。未参与展示的小组可以课后合作拍摄小组作品介绍视频，上传到网络平台，一同参与评选。

任务3：单元小结

□活动5：回顾整个项目学习过程，你们小组是怎样逐步将头脑中的想法变成真实的创意作品的？请按顺序填一填（指向目标4）。

（续上表）

课时 3 名称："我能分辨你" 项目实践

□活动6：围绕以下方面谈学习收获及不足之处、如何改进。

□活动7：请对自己在本项目学习中的表现进行评价（检测目标4）。

评价说明	评价等级
（1）我能识别身边的人工智能应用。	□很好　□一般　□困难
（2）我能列举机器学习的几种常见方式。	□很好　□一般　□困难
（3）我知道了机器学习收集数据训练、测试模型的基本过程。	□很好　□一般　□困难
（4）我能够正确采集数据，并对数据进行标注。	□很好　□一般　□困难
（5）我能够利用平台训练模型，并对模型进行导出使用。	□很好　□一般　□困难
（6）我能够编写简单的程序将模型进行应用。	□很好　□一般　□困难

（续上表）

课时 3 名称："我能分辨你"项目实践	
评价说明	评价等级
（7）在测试过程中，我能够发现问题、调整参数、改进作品。	□很好　□一般　□困难
（8）我能够根据成果展示，从作品质量、外观等方面评价本组及其他小组的人工智能作品。	□很好　□一般　□困难
（9）我完成的"我能分辨你"项目能够达到甚至超越预期效果。	□很好　□一般　□困难

八、第三轮行动研究——KNN 分类算法

【项目名称】近朱者赤近墨者黑——KNN 分类算法

【项目背景】给初一学生讲主要用于人工智能中的图像分类的 KNN 算法，以项目的形式来呈现，时长为 3～5 个课时。案例符合初一学生的认知特点，学生能知道 KNN 算法的简单原理，能利用图形化的编程平台体验 KNN 分类，能意识到 KNN 的不足，提升自主可控的意识。

【项目概述】本项目旨在向初一学生介绍 KNN 算法，该算法主要用于人工智能中的图像分类。通过有趣的案例和图形化的编程平台，学生可以了解 KNN 算法的简单原理，并体验 KNN 分类的过程。此外，项目还将引导学生认识到 KNN 算法的不足，并提升他们的安全意识。

【驱动性问题】人工智能是如何对图片进行分类的？

【所需材料】计算机或笔记本电脑、互联网连接；图像数据集（可从公开数据集或在线资源获取）、图形化编程平台（如 Mind +、Python 的 turtle 模块等）。

【课时安排】

第一课时

（1）介绍项目目标和 KNN 算法的应用领域（图像分类）。

（2）用简单的例子解释 KNN 算法的原理：通过测量不同图像之间的距离来进行分类。

（3）引导学生讨论 KNN 算法可能遇到的问题：速度较慢、对异常值敏感等。

（4）向学生展示一些有趣的图像分类案例（如猫和狗的分类）。

第二课时

（1）简要介绍编程平台（如 Mind + ）的基本操作和概念。

（2）引导学生用编程平台创建一个简单的图形界面，用于加载和显示图像。

（3）引导学生从公开数据集中选择一些图像，并将其导入编程平台。

（4）教授如何使用编程平台实现 KNN 算法的简单版本：

①计算输入图像与训练集中各图像的距离；

②选择最近的 K 个图像；

③根据这 K 个图像的类别进行投票，并将输入图像分为得票最多的类别。

（5）让学生在编程平台上运行他们的图像分类程序。

第三课时

（1）复习 KNN 算法的原理和编程平台的使用。

（2）引导学生讨论 KNN 算法的不足之处：速度慢、对异常值敏感、需要大量存储空间等。

（3）分享一些与图像分类相关的安全意识故事或案例，例如人脸识别的隐私问题。

（4）引导学生思考如何改进 KNN 算法以提高其效率和安全性。

（5）提醒学生在使用图像数据时要注意隐私和版权问题。

第四课时（可选）

（1）继续引导学生讨论和思考，鼓励他们提出更多改进 KNN 算法的想法。

（2）引导学生使用其他编程平台（如 Python）实现改进后的 KNN 算法，以提高其速度和安全性。

（3）让学生在新的编程平台上运行他们的改进算法，并与之前的版本进行比较。

第五课时（可选）

（1）让学生展示他们的项目和改进后的 KNN 算法。

（2）鼓励学生分享他们在项目中的体会和对 KNN 算法的理解。

（3）提供反馈和鼓励学生继续探索人工智能和机器学习领域。

通过以上课时的学习，学生将能够了解 KNN 算法的基本原理，通过图形化编程平台亲自体验图像分类过程，并意识到 KNN 算法的不足之处，提高对安全性和隐私问题的意识。同时，他们也将锻炼编程能力和创新思维，并在项目中展示他们的成果。

"动物我会辨识"课时教学设计表

课题	近朱者赤近墨者黑——KNN 分类算法		授课教师	李美媛
科目	信息科技	课时	1	班级	初一（3）

（一）教材内容分析

随着《新一代人工智能发展规划》的发布，教育部开始进行人工智能进校园等试点工作，强调人工智能基础教育的重要性，这已经成为社会上的共识。本课程旨在普及人工智能知识，针对初一学生开展，重点介绍作为人工智能一个重要基础领域的图像分类。《义务教育信息科技课程标准（2022 年版）》中提出：通过对比不同的人工智能应用场景，初步了解人工智能中的预测和机器学习等不同实现方式。本节课将物体分类作为课堂主线，以人工智能如何区分鸭子和鹅为例进行图像分类基础教学。主要内容包括了解图像分类的定义、一般流程和基础机器学习算法 KNN 算法的原理，通过体验、实验、归纳和应用这四个步骤来串联课堂内容。在使学生初步了解图像分类的基础上，课程将启发学生运用简单的智能思维解决实际问题，例如表格数据分析和坐标系图像理解，并引导学生使用 Mind + 平台进行简单的程序编写，以实现物体的自动分类。

（二）教学目标

1. 智能意识

（1）在应用 KNN 算法的过程中，学生能根据解决问题的需要从数据中提取简单的信息，形成一定的信息感知力。

（2）通过信息科技与传统文化结合的形式，启发学生将创新理念融入学习和生活中。

2. 智能思维

（1）根据猜测电影类型活动，学生能够将该具体案例进一步抽象，形成利用算法解决问题的一般流程，提升其知识迁移能力。

（2）能够理解计算机存储图片的基本方式，从而进一步理解图像分类任务本质。

3. 智能应用学习与创新

通过操作 Mind + 仿真平台，调用其图像识别功能，感知图像分类的一般流程。

4. 智能社会责任

通过渗透中国传统历史文化知识，引导学生建立起在智能社会中应当具备的良好的价值观念，并学会正确对待人工智能对社会的影响。

（续上表）

课题	近朱者赤近墨者黑——KNN 分类算法		授课教师	李美媛
科目	信息科技	课时	1	班级	初一（3）

（三）学生学情分析

1. 学生心理特点

本课程授课对象为初一学生。他们思维活跃、好奇自信，但是仍然欠缺自控能力。而信息科技课程的教学中，学生要有较高的自控能力才能按照要求完成规定任务。

本课程引导学生通过 Mind + 平台开展合作探究和自主学习。在创作过程中，教师要通过巡视、指导等手段帮助学生养成良好的学习习惯，帮助他们养成数字化学习习惯和合作探究意识。

2. 学生知识结构

初一学生具备了熟练的图形化编程能力和较强的自学能力，以及一定的逻辑思维、问题抽象能力。对于初一学生来说，他们已经有过相当多的人工智能技术的使用经验，对于图像分类任务具有初步的印象和理解。然而，在以往的学习中却基本不涉及对机器学习算法原理的理解。因此，作为机器学习入门算法的 KNN 算法原理相对简单，又具有一定的数学味道，适合放到初一课程中进行讲解。

3. 学生认知能力

初一学生已经具备基本的逻辑推理、归纳总结和问题解决能力，需要通过大量的思考和分析、实践与应用来逐步加深对所学知识的理解。同时，初一学生注意力有限，在课程设计上要针对课堂内容的吸引力和学生的注意力特点进行个性化设计。

（四）教学策略选择与设计

实验法、项目教学法。

（五）教学环境及资源准备

学习单、Mind + 账号等。

（六）教学重点及难点

重点：

（1）利用 Mind + 平台，在实操中进一步理解图像分类的流程，并实现动物识别程序。

（2）理解图像分类的基本概念和一般流程。

难点：

将 KNN 图像分类的原理应用于解决身边的实际问题。

（续上表）

课题	近朱者赤近墨者黑——KNN 分类算法		授课教师	李美媛
科目	信息科技	课时 1	班级	初一（3）

（七）教学过程

教学环节	教师活动	学生活动	设计意图
情境导入	播放能识别鸭子和鹅的智能装置的演示视频 （1）提问：视频中的装置用了什么技术？ （2）提问：为什么这个智能装置能够区分鸭子和鹅？ （3）引出主题：以下哪种人工智能技术能帮助人们自动识别脸谱人物？	思考并回答问题。	利用学生耳熟能详的例子，激发学生兴趣，考查学生能否识别身边的人工智能应用。
问题驱动	提问：我们是如何区分鸭子和鹅的？	思考并回答问题。	基于大概念的设计：机器智能是对人类智能的模拟。

（续上表）

课题	近朱者赤近墨者黑——KNN 分类算法			授课教师	李美媛
科目	信息科技	课时	1	班级	初一（3）

（七）教学过程

教学环节	教师活动	学生活动	设计意图
交流讨论	请小组讨论我们如何区分鸭子和鹅。	小组讨论并达成共识，如头部突起的形状、嘴的形状等。	培养学生解决抽象问题的能力和思辨能力。
原理探究	在区分鸭子和鹅时，我们根据嘴的形状和头部的形状来比较它们。其实，这就是特征提取。	思考。	教师通过对比人类和计算机在面对图片时的不同表现，进一步阐述计算机处理图像分类任务的前提是读懂图像特征。
自主学习	通过"鹅鸭分类"案例阐述图像特征的概念，明确特征提取对图像分类任务的重要性。	阅读学习单，自主归纳图像分类的概念和基本流程。	将复杂的原理以浅显的方式呈现。
猜想	任务1：学生观察表格，利用简单的数据分析，猜测表格中未知动物的类型： | 类别	额头	嘴巴
---	---	---
鸭子	1	8
鹅	7	2
鸭子	2	7
鸭子	2	9
鹅	9	3
?	3	6		阅读学习单，根据问题进行归纳总结。快速找出区分两种动物的有效特征。	将具象问题抽象化。

（续上表）

课题	近朱者赤近墨者黑——KNN 分类算法		授课教师	李美媛
科目	信息科技	课时　1	班级	初一（3）

（七）教学过程

教学环节	教师活动	学生活动	设计意图
数形结合	我们可以将鸭子和鹅的这两个突出的特征在数轴上表示出来。 （提示：将动物的两个特征分别抽象为坐标轴上的 x 和 y 坐标，头部凸起的程度抽象为横坐标，嘴的扁平程度抽象为纵坐标） 	绘制坐标点。	培养学生通过坐标轴将问题可计算化的能力。
问题探究	如何判断未知动物到底是哪种动物？ 	小组讨论交流。	引导学生以生活中的实例进行类比。
知识学习	如何判断距离的远近？ 	观察或计算图形上各类别的距离，利用 KNN 算法得出答案（鸭子或鹅）。	初一学生还没有学习勾股定理，这里先作铺垫。

（续上表）

课题	近朱者赤近墨者黑——KNN 分类算法			授课教师	李美媛
科目	信息科技	课时	1	班级	初一（3）

（七）教学过程

教学环节	教师活动	学生活动	设计意图
提出问题	我们判断未知动物是通过找离它最近的 3 个邻居来实现的。这个原理靠谱吗？	交流讨论。	培养学生的批判性思维。
类比	我国传统故事"孟母三迁"和经典名句"欲观其人，先观其友"讲了什么道理？	思考并回答。	以中国传统文化中的经典故事进行类比，让学生能明白 KNN 算法的原理，贯彻"小故事大道理"的原则。
总结提炼	大家总结机器认识一种新动物的过程。 获取图片 特征提取 训练模型 测试模型	讨论并总结认识新动物的过程。	基于大概念设计：机器智能是对人类智能的模拟。
实验验证	引导学生通过小组合作完成程序。 （1）填写学习单，完成程序； （2）添加数据集； （3）开始训练； （4）进行测试。	完成学习单，与小组成员合作完成脸谱训练数据的录入、训练和测试，根据实验过程思考与总结。	该问题的设置考虑到了学生的认知水平，有利于激发学生的兴趣，并通过教师的点

（续上表）

课题	近朱者赤近墨者黑——KNN 分类算法		授课教师	李美媛
科目	信息科技	课时 1	班级	初一（3）

（七）教学过程

教学环节	教师活动	学生活动	设计意图
			拨，明确实际应用 KNN 算法可能遇到的问题，提升学生对 KNN 算法的理解和运用。
编程实现	请同学们基于老师提供的半成品，在 Mind + 中完成鸭子和鹅分类器的设计与制作。 	基于教师提供的半成品进行程序的完善，验证算法的正确性。	引导学生在实验中进行总结和归纳。回顾程序流程图和条件结构的编写，并且调用 Mind + 平台的 KNN 图像分类功能，感受人工智能技术和传统文化相结合的魅力。

（续上表）

课题	近朱者赤近墨者黑——KNN 分类算法		授课教师	李美媛
科目	信息科技	课时　1	班级	初一（3）

（七）教学过程

教学环节	教师活动	学生活动	设计意图
作品展示	各个小组展示自己的分类作品。	展示分类作品，讲述在解决问题过程中遇到的困难及如何解决。	为学生提供能展示自己的平台，锻炼学生的表达能力。
迁移应用	今天我们学习了运用 KNN 分类算法解决动物分类的问题。那么，这种技术可以用在我们身边的哪些场景解决什么问题呢？	回答：包含具体的问题情境及解决问题的大致思路（不需要技术的具体实现）。	在学生了解原理后，教师引导学生发散思维，运用所学技术解决身边出现的问题，培养学生的问题意识。
总结评价	（1）课堂小结：让学生绘制思维导图，跟老师一起总结本节课所学的知识。 （2）自我评价：利用 UMU 平台收集本节课学生对图像分类原理的掌握和应用情况。	绘制思维导图，在 UMU 平台进行自我评价。	为学生建构知识提供框架，帮助学生实现知识结构化。

（八）板书设计

近朱者赤近墨者黑——KNN 分类算法揭秘

图像分类：

输入图片　→　提取特征　→　建立模型　→　使用模型分类

（续上表）

课题	近朱者赤近墨者黑——KNN 分类算法		授课教师	李美媛
科目	信息科技	课时 1	班级	初一（3）

（九）教学反思

1. 给初一学生讲解 KNN 算法是如何判断一个未知的动物到底是鸭子还是鹅的？

（1）引入问题：告诉学生我们有一只未知的动物，不确定是鸭子还是鹅，但我们知道它有一些特征，如体型大小、颜色等，然后问他们如何判断这只动物是鸭子还是鹅。

（2）解释 KNN 算法的原理：告诉学生 KNN 算法可以帮助我们根据已知动物的特征来判断未知动物的类别。KNN 算法根据物体之间的相似性来进行分类，会找到与未知动物最相似的 K 个已知动物，然后通过这些已知动物的类别来决定未知动物的类别。

（3）演示案例：选择一些已知的鸭子和鹅的图片，并准备一个特征表格，包含体型大小和颜色等特征，将这些特征以图形化的方式展示给学生。

（4）计算距离：让学生了解 KNN 算法是通过计算未知动物与已知动物之间的距离来确定相似性的。

（5）KNN 分类：让学生选择一个 K 值，表示选择最相似的 K 个已知动物，然后让他们根据计算出的距离来找到离未知动物最近的 K 个已知动物。

（6）投票决策：让学生观察这 K 个已知动物的类别，并进行投票。如果大部分已知动物都是鸭子，那么我们就可以判断未知动物是鸭子；如果大部分已知动物都是鹅，那么我们就可以判断未知动物是鹅。

（7）讨论 K 值的选择：让学生思考 K 值的选择对结果的影响。例如，如果选择 $K = 3$，那么我们只考虑最接近的三个已知动物，可能会有一些误判。而如果选择 $K = 5$，我们会考虑更多的已知动物，结果可能更准确。

（8）总结 KNN 算法：总结 KNN 算法的步骤和原理，强调它是根据相似性和投票来进行分类的。鼓励学生思考其他应用领域，如图像分类、手写数字识别等。

通过以上的讲解和演示，学生可以初步了解 KNN 算法是如何通过比较相似性来进行分类的，以更好地理解和应用这个算法。

2. 人工智能在利用 KNN 算法对鸭子和鹅进行分类的时候，一般会提取哪些特征？

（1）喙的形状：鸭子和鹅的喙形状可能有所不同。例如，鸭子的喙可能较宽且扁平，而鹅的喙可能较长且圆滑。

（2）脚的形态：鸭子和鹅的脚形态也可能有区别。例如，鸭子的脚可能更适合在水中游泳，具有蹼状结构；而鹅的脚可能更适合在陆地上行走，具有爪状结构。

（3）翅膀的大小和形状：鸭子和鹅的翅膀大小和形状也可能存在差异。鸭子的翅膀可能相对较小，而鹅的翅膀可能相对较大。

（续上表）

课题	近朱者赤近墨者黑——KNN 分类算法		授课教师		李美媛
科目	信息科技	课时	1	班级	初一（3）

（九）教学反思

（4）身体的比例：鸭子和鹅的身体比例也可以作为特征之一。例如，鸭子可能有较长的颈部和小巧的身体，而鹅可能有较短的颈部和较大的身体。

（5）颜色：尽管颜色可能不是非常准确的特征，但在某些情况下，鸭子和鹅的羽毛颜色可能存在差异。例如，鸭子的羽毛可能呈现出明亮的色彩，而鹅的羽毛的颜色可能相对单一且较暗。

这些特征只是一些例子。实际上，特征的选择可能取决于具体的数据集和问题。在实际应用中，可以采用计算机视觉技术来提取和处理图像中的特征，例如使用边缘检测、色彩分析、形状识别等方法。

需要注意的是，特征的选择和提取是一个复杂的任务，需要结合领域知识和实际数据进行分析和实验。也可以通过机器学习技术，如深度学习来自动学习和提取特征。

3. 仅有体型大小、颜色这些特征，很难分辨出鸭子和鹅吧？

体型大小和颜色等特征可能在鸭子和鹅之间存在一定的重叠，导致难以准确区分它们。因此，在实际应用中，我们通常会采用更多更具区分度的特征来进行分类。

对于鸭子和鹅，我们可以考虑使用其他特征，如喙的形状、脚的形态或者翅膀的大小等。这些特征在鸭子和鹅之间可能有更明显的差异，可以帮助我们更准确地进行分类。

另外，KNN 算法并不仅仅依赖于单一的特征，而是将多个特征综合考虑。我们可以将多个特征组合起来，计算未知动物与已知动物之间的综合相似度，然后进行分类。

在教学过程中，可以引导学生思考和讨论更适合用于区分鸭子和鹅的特征，并鼓励他们尝试不同的特征组合来提高分类的准确性。这样可以培养学生的观察力、分析能力和创造力，同时加深他们对 KNN 算法和特征选择的理解。

4. 给初一学生讲解人工智能用 KNN 算法判断一个未知动物到底是鸭子还是鹅的时候，是如何判断它的邻居是哪个？依据是什么？

（1）引入问题：告诉学生我们有一只未知的动物，我们不确定它是鸭子还是鹅。然后问他们如何找到已知动物中与之相似的邻居。

（2）解释 KNN 算法的邻居选择：告诉学生 KNN 算法会根据已知动物与未知动物之间的相似度来选择邻居。相似度可以通过比较不同特征的差异来计算，而邻居就是与未知动物最相似的几个已知动物。

（3）解释距离度量：告诉学生为了计算相似度，KNN 算法使用距离度量来衡量已知动物与未知动物之间的差异。常见的距离度量方法有欧氏距离和曼哈顿距离。简单来说，我们会比较已知动物和未知动物在不同特征上的数值差异，并计算这些差异的总和。

（续上表）

课题	近朱者赤近墨者黑——KNN 分类算法		授课教师	李美媛
科目	信息科技	课时 1	班级	初一（3）
（九）教学反思				

（4）以特征举例：使用喙的形状、脚的形态和身体比例作为特征，让学生想象一下如何比较已知动物和未知动物的这些特征，并计算它们之间的差异。

（5）选择邻居：告诉学生 KNN 算法会根据计算出的距离，选择与未知动物最相似的 K 个已知动物作为邻居。K 通常由我们自己来决定，可以是一个固定的数值，如 3 或 5。

（6）投票决策：让学生观察邻居们的类别，如鸭子或鹅，并进行投票。如果邻居中大部分是鸭子，那么我们就可以判断未知动物是鸭子；如果大部分是鹅，那么我们就可以判断未知动物是鹅。

总结 KNN 算法的邻居选择和分类过程，强调通过比较相似度来找到邻居，并通过投票决策来确定未知动物的类别。

通过以上的讲解，学生可以初步了解人工智能是如何利用 KNN 算法判断未知动物的类别的，以及选择邻居的原理和依据。

5. 项目复盘

在这个项目设计中，教师为初一学生设计了一个有趣而实践性强的人工智能项目教学，旨在介绍 KNN（K 最近邻）算法及其在图像分类中的应用。引导学生参与到编程实践中，使他们不仅可以学习算法的原理，还可以亲身体验图像分类的过程，并思考算法的不足之处。在这个过程中，还将培养学生编程和创新思维的能力，以及对安全性和隐私问题的意识。以下是对这个项目设计的教学反思。

一方面，通过引入一个驱动性问题"人工智能是如何对图片进行分类的"，教师激发了学生的好奇心和求知欲。这个问题将吸引学生的注意力，使他们对 KNN 算法的应用产生兴趣。这是一个很好的引入，可以引发学生对项目的思考和探索。

另一方面，教师选择了图形化编程平台（如 Mind +）作为工具，以便学生能够通过简单而直观的方式进行编程实践。这种选择有助于降低学生的学习门槛，让他们更容易理解和实现 KNN 算法的简化版本。通过使用图形化编程平台，学生可以直观地看到他们编写的代码的结果，这将增进他们对算法工作原理的理解。

第一课时的介绍和讨论部分，帮助学生了解 KNN 算法的背景知识和基本原理。通过引导学生思考 KNN 算法可能遇到的问题，如速度慢和对异常值敏感，教师鼓励学生积极参与讨论，激发他们的思维。此外，通过展示一些有趣的图像分类案例，如猫和狗的分类，教师帮助学生将抽象的算法与现实生活中的应用联系起来，提高他们的兴趣和参与度。

（续上表）

课题	近朱者赤近墨者黑——KNN分类算法		授课教师		李美媛
科目	信息科技	课时	1	班级	初一（3）
（九）教学反思					

在第二课时中，学生通过使用编程平台创建一个简单的图形界面，并导入图像数据集，实际操作了KNN算法的实现过程。这种实践性的学习方式有助于学生将理论知识应用到实际情境中，加深对算法原理的理解。同时，学生也能够通过自己编写代码并观察分类结果，加深对KNN算法的理解和体验。

第三课时的讨论和分享部分，引导学生思考KNN算法的不足之处，如速度慢、对异常值敏感和需要大量存储空间等。这个环节有助于学生从更广泛的角度审视算法，培养他们的批判性思维和问题解决能力。通过分享与图像分类相关的安全意识故事或案例，如人脸识别的隐私问题，教师提醒学生在应用算法时要关注安全性和隐私保护，增强他们的责任意识。

对于有兴趣进一步探索的学生，第四和第五课时提供了更多的挑战和机会。他们可以继续讨论和思考，探索如何改进KNN算法以提高其效率和安全性。通过使用其他编程平台（如Python）实现改进后的KNN算法，并与之前的版本进行比较，学生引导学生将更深入地理解算法改进的实际意义，并提升编程技能。

通过这个项目设计，学生不仅可以学习KNN算法的基本原理和应用，还能培养编程和创新思维的能力。在项目中，他们通过实践、讨论和思考，发展了解决问题和批判性思维的能力。此外，通过引入与图像分类相关的安全意识教育，学生也加强了对隐私和安全问题的认识。最后，学生有机会展示自己的成果，并得到反馈和鼓励。这会激发他们继续学习和探索人工智能和机器学习领域的兴趣。

总的来说，这个项目设计很好地结合了理论和实践，通过具体案例、图形化编程平台和讨论环节，提高了学生的学习兴趣和参与度。通过培养学生的编程和创新思维能力，以及对安全性和隐私问题的意识，这个项目设计促进了学生的综合素养和能力发展。教师将继续关注学生的学习情况，鼓励他们探索更多人工智能和机器学习的知识，并提供适时的支持和指导。

第十二章　初中人工智能课程实践结果分析

一、学生作品评价表

设计学生作品评价表时，可以考虑从以下几个方面来评估学生在人工智能课程中的表现和成果：

（一）人工智能原理理解

评估学生对人工智能的基本概念和原理的理解程度，包括对机器学习、神经网络等关键概念的掌握情况。

（二）技术运用与作品设计

评估学生是否能够应用所学的人工智能技术原理，设计和开发简单的人工智能作品，例如简单的聊天机器人、图像识别程序等。

（三）解决问题的能力

评估学生在设计作品时，能否运用人工智能的思维方式解决身边的简单问题，例如利用机器学习算法进行分类和预测。

（四）创新思维

评估学生在制作智能作品的过程中是否展现出创新思维，例如提出新颖的问题解决方法、改进现有算法或设计独特的交互方式等。

（五）智能社会责任

评估学生在设计作品时是否考虑到了智能系统的潜在影响和社会责任，例如关注隐私保护、公平性和可解释性等方面。

（六）创意与呈现

评估学生在展示作品时的呈现形式和表达能力，例如作品呈现形式是否新颖有趣，是否能够清晰、有条理地介绍作品的设计思路和实现过程。

人工智能作品评价表如表12-1所示。

表12-1　人工智能作品评价表

1. 人工智能原理理解（10分）
（1）理解人工智能的基本概念和原理。
（2）能够解释机器学习和神经网络等关键概念。
（3）对于作品中所使用的人工智能技术有清晰的说明。
2. 技术运用与作品设计（20分）
（1）能够运用人工智能技术原理设计和实现作品。
（2）作品功能符合设计要求，具备一定的实用性和创新性。
（3）代码结构清晰，程序运行流畅。
3. 解决问题的能力（20分）
（1）能够将人工智能技术应用于解决身边的简单问题。
（2）作品的解决方案合理有效，具备一定的准确性和可靠性。
（3）对于解决过程中遇到的问题能够提供合理的解释和改进方法。
4. 创新思维（20分）
（1）在作品设计中表现出创新思维，提出新颖的想法或方法。
（2）在交互方式、用户体验等方面展现独特的设计思路。
（3）对已有的人工智能算法或模型进行改进或优化。
5. 智能社会责任（10分）
（1）能够考虑到智能系统的潜在影响和社会责任。
（2）作品体现了对隐私保护、公平性和可解释性等方面的关注。
（3）能够就作品的社会影响和可能的风险提供合理的解决方案。
6. 创意与呈现（20分）
（1）作品呈现形式新颖有趣，展现出学生的创意和想象力。
（2）作品文档和演示能够清晰地展示作品的功能和设计过程。

根据人工智能作品评价表，可以综合评估学生在人工智能课程中的人工智能原理理解、技术运用与作品设计、解决问题的能力、创新思维、智能社会责任、创意与呈现等方面的表现。人工智能作品评价表可以根据具体情况进行调整和扩展，以适应不同的课程目标和教学要求。

二、课堂满意度分析

设计学生人工智能课堂满意度调查表时，可以考虑以下几个方面，以评估学生对课堂内容、教学方法和学习体验等方面的满意程度，如表 12 – 2 所示：

表 12 – 2　学生人工智能课堂满意度调查表

1. 课堂内容（25%）
（1）课程的内容是否与学生的预期和兴趣相符。
（2）对人工智能技术与原理的讲解是否清晰、易于理解。
（3）是否有足够的案例和实例来说明人工智能在解决实际问题中的应用。
2. 教学方法（25%）
（1）教师的教学方法是否多样化、生动有趣。
（2）是否有足够的互动和合作机会促进学生的参与和思考。
（3）是否鼓励学生实践、动手设计人工智能作品。
3. 学习体验（20%）
（1）学习资源是否充足，例如教材、软件工具等。
（2）是否提供了适当的实践和练习机会，以帮助学生巩固所学知识。
（3）是否提供了个性化的学习支持和反馈。
4. 创新思维培养（15%）
（1）是否激发学生的创新思维和想象力，使学生在设计人工智能作品时展现独特的创意。
（2）是否提供了启发式问题和挑战，促进学生思考和解决问题的能力。
5. 智能社会责任培养（15%）
（1）是否引导学生了解和思考人工智能的伦理和社会影响。
（2）是否促进学生对智能系统的隐私保护、公平性和可解释性等问题的关注。

在每个方面的评价中，可以采用多项选择、打分或填空等方式，让学生选

择适合的选项或提供具体意见。此外，为了获取更全面的反馈，可以设置一些开放性问题，让学生自由发表对课堂的评价和建议。

最后，根据学生的反馈和意见，教师可以对课堂进行调整和改进，以提高学生的满意度和学习效果。

三、学生核心素养量化评价

针对学生在人工智能课程中的智能意识、智能思维、智能应用与创新、智能社会责任四个维度，对学生进行评价。

（一）智能意识的评价（见表 12 – 3）

表 12 – 3　智能意识评价表

1. 对人工智能的基本理解
（1）学生对人工智能的基本概念和原理的理解程度 （1 分：完全不理解；5 分：完全理解）
（2）学生对人工智能的发展历史和应用领域的了解程度 （1 分：没有了解；5 分：深入了解）
2. 区分不同智能类型
（1）学生对动物智能、人类智能和机器智能的区分程度 （1 分：混淆不清；5 分：准确区分）
（2）学生对人工智能与其他智能类型的区别和相似之处的理解程度 （1 分：完全不理解；5 分：完全理解）
3. 人工智能应用的评估
（1）学生对人工智能应用的优缺点和潜在风险的评估程度 （1 分：没有评估；5 分：全面评估）
（2）学生对不同人工智能应用的可行性和合法性的评估程度 （1 分：没有评估；5 分：全面评估）
4. 对人工智能的反思和思考
（1）学生对人工智能在社会、经济和文化等方面的影响的思考程度 （1 分：没有思考；5 分：深入思考）

（续上表）

（2）学生提出对人工智能发展中潜在问题的解决方案或建议的创造性程度
（1分：没有提出；5分：创造性提出）
5. 对人工智能的意识和关注
（1）学生对人工智能发展的兴趣和关注程度
（1分：没有兴趣和关注；5分：极高兴趣和关注）
（2）学生对人工智能的未来进行想象和展望的能力程度
（1分：没有想象和展望；5分：深入想象和展望）

（二）智能思维的评价（见表 12-4）

表 12-4 智能思维评价表

1. 确定问题和目标
学生在问题定义和目标明确性方面的表现
（1分：模糊不清；5分：清晰明确）
2. 数据收集和准备
学生在数据收集和准备过程中的表现
（1分：缺乏数据收集和准备；5分：全面有效的数据收集和准备）
3. 数据分析
学生在数据分析过程中运用统计学和机器学习技术的能力
（1分：缺乏能力；5分：熟练运用）
4. 解决方案设计
学生在解决方案设计中考虑解决方案效率、准确性和可扩展性的能力
（1分：缺乏考虑；5分：全面考虑）
5. 实现和测试
学生在实现和测试解决方案时的技术和工程能力
（1分：缺乏技术和工程能力；5分：熟练应用技术和工程方法）
6. 部署和维护
学生在部署和维护解决方案时的能力
（1分：缺乏能力；5分：能独立部署和维护解决方案）

（三）智能应用与创新的评价（见表 12-5）

表 12-5　智能应用与创新评价表

1. 人机接口技术熟练程度
学生对人机交互、自然语言处理、数据可视化等技术的熟练程度 （1分：不熟练；5分：熟练掌握）
2. 任务分配和合作能力
学生在任务理解、分析、协调和执行等方面的能力 （1分：缺乏能力；5分：熟练掌握）
3. 问题解决和创新能力
学生在问题识别、解决和优化等方面的能力 （1分：缺乏能力；5分：熟练掌握）
4. 对人工智能的理解和应用能力
学生对人工智能技术的了解、掌握和应用等方面的能力 （1分：不了解；5分：熟练掌握）
5. 创造性实践和创新思维
学生在实际应用场景中的创造性实践和创新思维能力 （1分：缺乏创造性实践和创新思维能力；5分：具备创造性实践和创新思维能力）

（四）智能社会责任的评价（见表 12-6）

表 12-6　智能社会责任评价表

1. 对人工智能技术的理解和认识
（1）学生对人工智能技术的基本理解程度 （1分：完全不理解；5分：完全理解）
（2）学生对人工智能应用领域和发展趋势的认识程度 （1分：模糊不清；5分：深入认识）

（续上表）

2. 人工智能应用的潜在风险认识
（1）学生对人工智能应用潜在风险的意识程度 （1分：缺乏意识；5分：意识强烈）
（2）学生对人工智能的可持续性发展的认识程度 （1分：模糊不清；5分：深入认识）
3. 遵守道德和伦理规范
（1）学生在人工智能应用过程中遵守道德和伦理规范的能力 （1分：不遵守；5分：严格遵守）
（2）学生在倡导人工智能发展方向方面的积极性 （1分：缺乏积极性；5分：积极倡导）
4. 对人工智能相关政策法规的了解
（1）学生对人工智能相关政策法规的了解程度 （1分：没有了解；5分：深入了解）
（2）学生在人工智能应用中遵守相关规定的能力 （1分：不遵守；5分：严格遵守）

四、课程实践数据分析

经过几轮的人工智能课程实践，采用问卷调查、访谈等方式对学生进行调查了解。在人工智能课程开设之前对学生进行前测，在一个周期的人工智能课程结束之后，又对学生进行后测。

（一）兴趣与信心两个维度

在人工智能课程开设前和结束后，对学生进行继续学习人工智能课程的兴趣及未来对自己和人工智能友好共处的信心这两个维度的问卷调查。调查结果如图 12-1 所示。

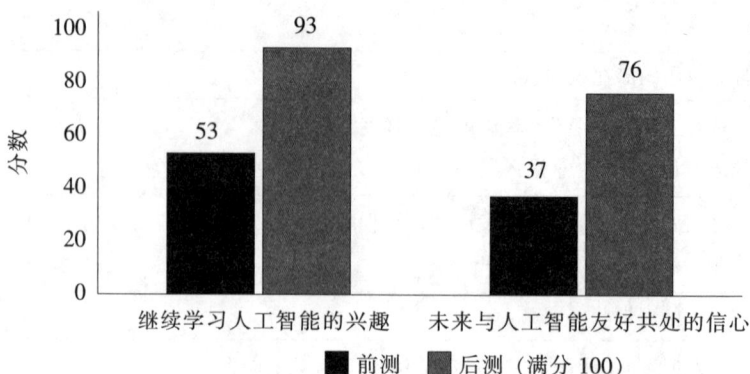

图 12 - 1　兴趣与信心两个维度

从前测到后测，学生在继续学习人工智能课程的兴趣和未来与人工智能友好共处的信心这两个指标上都有显著的增加。下面是可能导致这种分数变化的一些原因：

知识的增加：通过一个学期的人工智能课程，学生可能学到了更多有关人工智能的知识和概念。这种知识的增加可能激发了他们对人工智能的兴趣，使他们对继续学习该课程保持了更高的热情。

实践经验的积累：在人工智能课程中，学生可能有机会进行实践和完成项目，亲自动手实现一些人工智能应用。这种实践经验的积累可以帮助他们更好地理解和应用人工智能技术，增强他们对人工智能的信心。

创新思维的激发：人工智能课程通常鼓励学生思考和解决实际问题，并激发创新思维。通过学习人工智能课程，学生可能获得了解决问题的新方法和思路，这可能增加了他们对人工智能的兴趣和信心。

认识到人工智能的潜力：通过课程内容的介绍和讨论，学生可能开始认识到人工智能在现实生活中的广泛应用和潜力。这种认识可能激发他们对人工智能的兴趣，并增加了他们与人工智能友好共处的信心。

综上所述，学生继续学习人工智能课程的兴趣和未来与人工智能友好共处的信心增加的原因可能是知识的增加、实践经验的积累、创新思维的激发，以及认识到人工智能的潜力等因素的综合影响。这些因素使学生更加积极地参与学习，增强了他们对人工智能的兴趣和信心。

（二）问题解决能力维度

在人工智能课程开设前和结束后，对学生进行问题解决能力的问卷调查。

调查结果如图 12 - 2 所示。

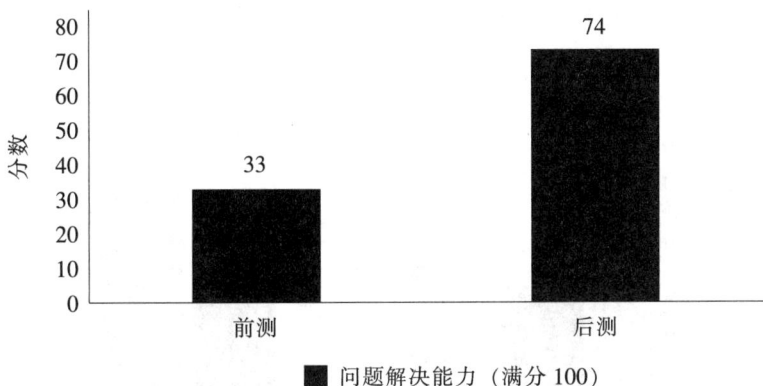

图 12 - 2　问题解决能力维度

从前测到后测，学生的问题解决能力得分有显著提高。下面是可能导致这种分数变化的一些原因：

知识和技能的提升：通过一个学期的人工智能课程，学生可能学到了更多有关人工智能的知识和技能。他们可能学习了不同的人工智能算法、数据分析方法和解决问题的策略，从而提高了问题解决能力。

实践和项目经验的积累：在人工智能课程中，学生可能有机会进行实践和完成项目，运用所学的知识和技能解决实际问题。这种实践和项目经验的积累可以提升他们的问题解决能力，让他们更加熟练和自信地应用人工智能技术。

批判性思维和创造性思考能力的培养：人工智能课程通常鼓励学生发展批判性思维和创造性思考能力。学生可能通过课程中的讨论、案例分析和团队合作等活动，培养了分析问题、提出解决方案和创新思考的能力，从而提高了问题解决能力。

自信心的增强：通过学习人工智能课程，学生可能逐渐建立起对自己解决问题的能力的自信心。他们可能意识到自己可以应用人工智能技术解决实际问题。这种自信心的增强也促使他们在后测中表现更好。

综上所述，学生的问题解决能力得分提高的原因可能是知识和技能的提升、实践和项目经验的积累、批判性思维和创造性思考能力的培养，以及自信心的增强等因素的综合影响。这些因素使学生在问题解决过程中更加熟练和自信，从而提高了他们的问题解决能力。

（三）团队合作能力和沟通能力维度

在人工智能课程开设前和结束后，对学生进行团队合作和沟通能力的问卷调查。调查结果如图 12 – 3 所示。

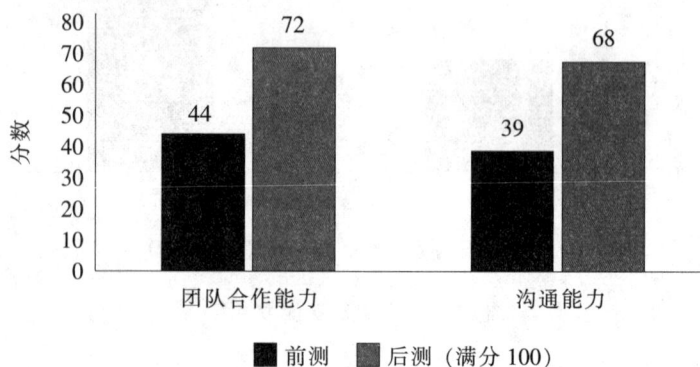

图 12 – 3　团队合作能力和沟通能力维度

从前测到后测，学生的团队合作能力和沟通能力都有显著的提高。下面是可能导致这种分数变化的一些原因：

1. 团队合作能力提升

合作项目经验的积累：在人工智能课程中，学生可能有机会参与团队项目，与同伴合作解决问题。这种合作项目经验可以帮助他们了解如何在团队中合作、协调和分工，提高团队合作能力。

意识的培养：通过课程中的讨论和案例分析，学生可能对团队合作的重要性有了更深刻的认识，意识到团队合作能够促进共同目标的实现，并从中学习和成长。

2. 沟通能力提升

学习资源丰富：人工智能课程可能提供了多种学习资源，如教材、课堂讲解、在线资源等。这些资源可以帮助学生理解沟通的重要性以及学习有效的沟通技巧。

项目演示和展示的锻炼：在课程中，学生可能需要进行项目演示和展示。这促使他们锻炼和提高沟通能力，以便能够清晰地表达自己的想法和观点。

互动和合作学习：课程中的小组讨论、合作项目等活动可以鼓励学生与同伴进行积极的互动和交流，从而提升他们的沟通能力。

综上所述，学生团队合作能力和沟通能力的提升可能是由于合作项目经验的积累、意识的培养、学习资源丰富、项目演示和展示的锻炼，以及互动和合作学习等因素的综合影响。这些因素使学生在人工智能课程中能够更好地与他人合作、交流和表达自己的观点，从而提高了他们的团队合作能力和沟通能力。

（四）不同学习方式下学生智能素养维度

在初中人工智能课程的实施中，教师尝试了项目化学习、单元学历案等方式，并将这些方式与传统的讲授式教学进行比较。对学生进行智能素养的问卷调查，调查结果如图 12 - 4 所示。

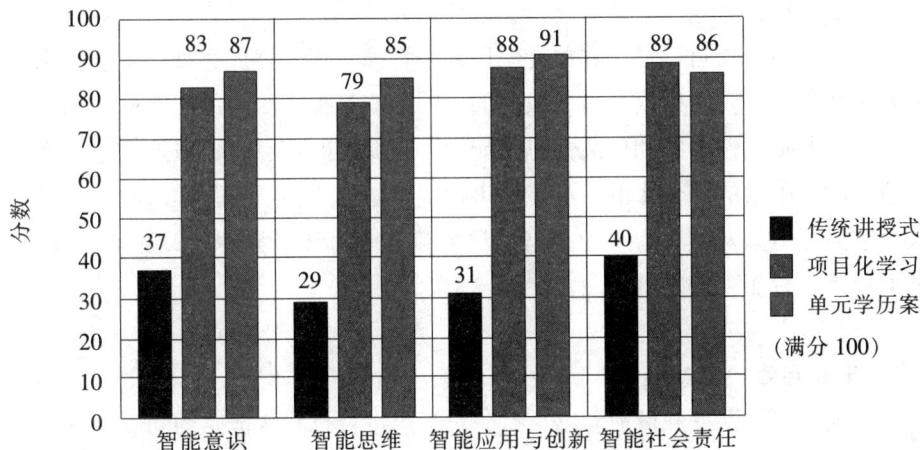

图 12 - 4　不同学习方式下学生智能素养维度

通过对学生进行智能素养的问卷调查，比较了传统讲授式教学、项目化学习和单元学历案这三种教学方式在智能意识、智能思维、智能应用与创新，以及智能社会责任维度上的得分差异。下面是可能导致这些得分差异的一些原因：

智能意识维度：项目化学习和单元学历案可能提供了更多的实践机会和案例研究，让学生更深入地体验和了解人工智能的应用和意义。与传统讲授式教学相比，项目化学习和单元学历案能够激发学生对人工智能的兴趣，从而提高了智能意识得分。

智能思维维度：项目化学习和单元学历案鼓励学生发展批判性思维和创造

性思考能力。在实际项目的设计和解决问题的过程中，学生需要运用人工智能领域的技术方法进行思考和分析，培养了智能思维能力。而传统讲授式教学可能更注重知识的传授，对于学生的思维能力培养相对较少，导致智能思维得分较低。

智能应用与创新维度：项目化学习和单元学历案为学生提供了实践和创新的机会。学生通过实际应用和项目实践，能够更深入地理解人工智能的应用，并运用创新思维解决实际问题。传统讲授式教学可能侧重于理论知识的传授，对于应用和创新方面的培养相对较少，导致智能应用与创新得分较低。

智能社会责任维度：项目化学习和单元学历案通常会涉及对伦理、道德和社会影响等方面的讨论。学生在实践中接触到不同的案例和场景，能够思考人工智能的社会责任和影响，培养了智能社会责任意识。传统讲授式教学可能对这些方面的探讨较少，导致智能社会责任得分较低。

综上所述，项目化学习和单元学历案在智能意识、智能思维、智能应用与创新、智能社会责任维度上得分较高的原因可能是提供更多的实践机会和案例研究、培养批判性思维和创造性思考能力、强调实践和创新，以及关注伦理和社会影响等因素的综合影响。与传统讲授式教学相比，项目化学习和单元学历案能够更好地激发学生的兴趣、培养学生综合能力和引导学生关注社会责任，从而提高了智能素养的得分。

（五）自我效能感维度

在人工智能课程开设前和结束后，对学生进行自我效能感的问卷调查。调查结果如图 12 – 5 所示。

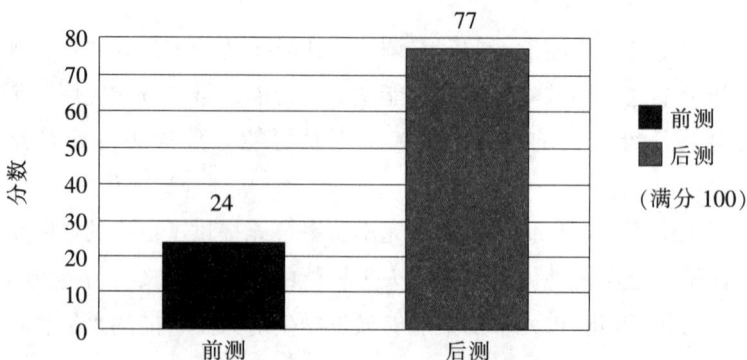

图 12 – 5　自我效能感维度

从前测到后测，学生的自我效能感得分有显著提高。下面是可能导致这种分数变化的一些原因：

知识和技能的提升：通过一个学期的人工智能课程，学生学到了更多关于人工智能的知识和技能。他们可能掌握了人工智能的基本概念、原理和应用方法，学会了使用相关工具和技术。这种知识和技能的提升可以增强学生对自己学习人工智能的能力的信心，从而提高了他们的自我效能感。

实践和项目经验的积累：在人工智能课程中，学生有机会进行实践和完成项目，运用所学的知识和技能解决实际问题。这种实践和项目经验的积累可以让学生应用所学的内容，验证自己的能力，并取得实际成果。这些积极的实践经验可以增强学生对自己在学习人工智能方面的能力的信心，提高他们的自我效能感。

成功经历和反馈的影响：在人工智能课程中，学生可能通过完成任务、解决问题或者展示成果等方式取得一些成功经历。这些成功经历可以提供积极的反馈，让学生意识到自己的努力和学习成果，增强对自己能力的信心，进而提高自我效能感。

兴趣和动机的激发：人工智能课程可能激发了学生对人工智能领域的兴趣和好奇心。学生对学习人工智能的兴趣和动机的提升，也会对他们的自我效能感产生积极影响。当学生对所学内容感兴趣时，他们更愿意努力学习和挑战自己，从而提高了自我效能感。

综上所述，学生的自我效能感得分提高的原因可能是知识和技能的提升、实践和项目经验的积累、成功经历和反馈的影响，以及兴趣和动机的激发等因素的综合作用。这些因素增强了学生对自己在学习人工智能方面的能力的信心，提高了他们的自我效能感。

第十三章　初中人工智能课程研究结论与展望

一、研究结论

本研究以培养初中生的人工智能素养为目的，通过设计、开发和实施初中人工智能课程，探索培育学生人工智能素养的方法和途径。经过理论梳理，在教学中应用了项目化学习、单元学历案等学习范式，并根据各个教学范式的流程，结合教学对象的特点及教学和实验环境等实际情况对初中人工智能课程进行教学设计与实践，再根据课堂观察与学生反馈的课堂效果对教学进行反思改进，共进行了三轮教学实践。

本研究梳理了国内外对于智能素养、单元学历案、项目化学习等的相关研究。对于智能素养，主要介绍其发展与框架、培养与测评。对于单元学历案，主要从单元设计的理念及操作流程这两方面入手进行梳理。对于项目化学习，则着重梳理其特征、优势、驱动性问题设计、真实情境设置等。经过理论探讨与实践探索，开发出以核心素养为导向的初中人工智能课程，并进行了初中人工智能课程教学设计与实践。

在教学实践过程中得出以下经验：①人工智能课程并不是要学生掌握多少人工智能的知识和技术，也不是要把学生培养成人工智能的专家。人工智能课程的目标是培养学生运用人工智能学科的思维方式去思考问题的意识和习惯。②项目化学习是人工智能课程实施中的一种比较好的教与学的方式，注重真实情境的设置，驱动性问题贯穿项目的全过程。学生在项目制作的过程中不知不觉地学到人工智能知识与技能，并能将所学知识进行迁移。③在团队协作中，教师需要对学生的团队协作能力进行有针对性的培训，以提高学生人工智能课程协作学习的效率；对于自主、合作、探究等学习方式，教师也要为学生提供相应的学习框架，以便学生能够得到合适的帮助。④对于项目主题的选取，要选择学生生活和学习中耳熟能详的案例，要站在学生的角度去设计项目，这样才能激发学生学习人工智能的积极性。⑤对于编程，初中阶段的人工智能课程虽然要求学生对其基本原理有一定的理解，但只是用其来验证学生的算法是否正确，不要让编程重回以往信息技术教学的老路。⑥在人工智能作品制作环节，要引导学生运用所学原理解决生活中的真实问题，哪怕学生的最终作品不一定能够完整地呈现出来，运用智能思维去迁移解决真实问题的经历可能比作品更加重要。⑦在人工智能作品汇报展示环节，教师要提供演讲技巧等知识。学生要能够倾听其他小组的意见和建议，对本小组的人工智能作品进行升级和迭代，培养精益求精的工匠精神。

经过三轮行动研究后得到如下结果：①兴趣和动机的提升：在初中人工智能课程中，学生学习人工智能的兴趣和动机得到了明显的提升。后测分数的显著增加表明学生在课程学习过程中逐渐产生了对人工智能的兴趣，并对进一步学习和探索该领域保持着积极的态度。②自我效能感的增强：在学习人工智能课程后，学生的自我效能感得到了显著的提高。后测分数的增加反映出学生对自己在人工智能学习方面的能力和掌握程度产生了更强的信心和认可。这表明人工智能课程设计和实施方式能够有效地提升学生的学习自信心和自我认知，让他们相信自己可以在人工智能领域取得积极的成果。③智能素养的提高：学生在智能素养的各个维度（如智能意识、智能思维、智能应用与创新、智能社会责任）上的得分均有明显提高。这说明人工智能课程设计和实施能够全面培养学生在人工智能领域的综合素养，使他们在不同的方面有了更深入的理解、更高的能力和更广泛的应用视野。④参与人工智能课程教学实验的两个班对三轮人工智能课程教学的课堂满意度均为中等偏上水平。总而言之，本研究设计的人工智能课程内容及相关的教学流程和配套的课程资源具有较强的可操作性与有效性，同时具备一定的普适性。

综上所述，本研究中初中人工智能课程设计与实施的结论是积极的。通过该课程，学生的兴趣和动机得到了提升，自我效能感增强，智能素养得到了提高。这些成果表明初中人工智能课程设计和实施方式对于激发学生的学习热情、提升他们的人工智能知识与技能学习能力，以及培养他们的智能素养具有积极的影响。

二、研究展望

(一) 探索跨学科主题学习

义务教育课程方案要求每门课程都拿出 10% 的课时来开展跨学科主题学

习。人工智能本身就是一门跨学科的学科，涉及数学、计算机科学、统计学等多个学科。下一步考虑引入跨学科的教学资源，发掘其他学科中有没有可以用人工智能学科的思想和方法来解决或更加高效地解决的问题。也可以设置跨学科的实践任务，以帮助学生更好地运用人工智能学科的思维去解决跨学科的问题，促进学生的能力迁移和深度学习。

（二）探索人工智能课程的实验教学的方式方法

人工智能课程属于科学学科范畴，既然是科学，那就离不开实验教学。但目前的人工智能课程也好，信息科技课程也好，实验教学尚属于新鲜事物。如何在人工智能课程中开展实验教学、是否需要有专门的人工智能实验室、如何通过实验教学培养学生的科学精神等，都是下一步研究的问题。

（三）进一步研究人工智能课程教学的评价体系

人工智能课程教学的评价体系是一个重要的研究方向，可以从多个角度对学生的学习成果和教师的教学效果进行评价。本研究虽然开展了伴随式评价，但伴随式评价需要进行大量的数据收集和分析，由于时间和资源问题，本研究略显不足。

在未来的研究中，需要进一步确定评价的因素和属性，并设计相应的评价指标。例如，在初中人工智能课程教学中，可以将学生的知识掌握程度、解决问题的能力、创新思维、团队合作能力等作为评价因素，将不同的教学设计、课程资源、教学方法等作为评价属性；然后，让学生对不同的属性组合进行评价，以确定学生对不同因素的相对重要性，并提供有针对性的改进建议。

参考文献

［1］邓爱诗．面向协作问题解决能力培养的人工智能课程教学设计与实践［D］．上海：华东师范大学，2022.

［2］丁念金．课程规划的素质文化视野［J］．河北师范大学学报（教育科学版），2012，14（4）：16－20.

［3］董雨雪．高中人工智能课程项目化教学的实践研究［D］．上海：华东师范大学，2022.

［4］刘洪秀．小学人工智能课程项目式学习的设计与实践：以人工智能科普单元为例［D］．上海：上海师范大学，2023.

［5］刘载兴．义务教育阶段人工智能课程课堂教学范式构建与实践研究［J］．教育导刊，2021（15）：66－70.

［6］宋春香．高中信息技术课程中人工智能模块学生学习参与度及影响因素研究［D］．贵阳：贵州师范大学，2022.

［7］吴婷．新课标理念下高中人工智能课程教学模式构建研究：以《人工智能探秘》为例［D］．北京：中央民族大学，2019.

［8］张秀雯．基于任务序列的高中人工智能教学行动研究［D］．聊城：聊城大学，2022.

［9］中国教育学会中小学信息技术教育专业委员会．中小学人工智能课程开发标准：T/CSE 001—2021［S］．2021.

［10］中华人民共和国教育部．义务教育信息科技课程标准（2022年版）［S］．北京：北京师范大学出版社，2022.